目次

レヴィナス

序……13

第Ⅰ部　「顔」と形而上学――『全体性と無限』

第一章　「顔」――輪郭の描写……18
1　顔　18
2　無限の責任　25

第二章　「選び」……36
1　選び　36
2　歴史の裁きと神の裁き　39
3　証示不可能性（方法的考察）　44

第三章　「同」と「他」……47
1　同と他　47

レヴィナス

「顔」と形而上学のはざまで

佐藤義之

講談社学術文庫

2 享受 48
3 所有と労働 56
4 顔と他 64
5 絶対他の条件 66
6 「絶対他」のもう一つの定義 69
7 まとめ 87
第四章 デリダの批判――「暴力と形而上学」…… 93
第五章 「教え」――倫理と学 …… 104
1 ことばと他者 104
2 教え 110
3 倫理と学問 116
4 学問は顔の倫理を前提するか 129
第六章 「他」の言表――デリダの批判再び …… 136

第II部　方法の先鋭化――『存在の彼方へ』

第七章　他を語ることの困難――『存在の彼方へ』に向けて……148

第八章　絶対他把握の方法的問題……153

1　語ることと語られたこと　153

2　他を語る方法　165

第九章　「感受性」と「語ること」……177

1　感受性　177

2　言語と存在者　181

3　隔時性　184

4　他者の感覚可能性　189

5　強迫　199

6　神の選び　207

第十章　「顔」から「正義」へ……213
1　第三者から正義へ　213
2　顔からの正義の正当化　222
3　正義論の再構築　235
第十一章　レヴィナスへの批判と顔の倫理学の可能性……245
1　第三の道の模索　245
2　受　容　250
3　ケアの自己肯定性　265
4　正義とケア　276
5　結　論　283
文献一覧　290
学術文庫版あとがき……297

凡例

・エマニュエル・レヴィナスなどの著作で何度も引用ないし参照するものに関しては、左記の略号を用い、文中で引用（参照）頁とともに示した。読者の便のため「／」のあとに邦訳の対応する頁を示した（例：TI, p. 173／三〇一頁）。ただし、引用文の訳はすべて佐藤の訳である。

TI: Emmanuel Lévinas, *Totalité et infini: essai sur l'extériorité*, La Haye: Martinus Nijhoff, 1961.（エマニュエル・レヴィナス『全体性と無限』藤岡俊博訳、講談社（講談社学術文庫）、二〇二〇年）

AE: Emmanuel Lévinas, *Autrement qu'être ou au-delà de l'essence*, La Haye: Martinus Nijhoff, 1974.（E・レヴィナス『存在の彼方へ』合田正人訳、講談社（講談社学術文庫）、一九九九年）

ED: Jacques Derrida, *L'écriture et la différence*, Paris: Seuil, 1967.（ジャック・デリダ『エクリチュールと差異』合田正人・谷口博史訳、法政大学出版局（叢書・ウニベルシタス）、二〇一三年）

C: Nel Noddings, *Caring: A Feminine Approach to Ethics & Moral Education*, Berkeley: University of California Press, 1984.（ネル・ノディングズ『ケアリング――倫理と道徳の教

育　女性の観点から』立山善康・林泰成・清水重樹・宮﨑宏志・新茂之訳、晃洋書房、一九九七年）

DV: Carol Gilligan, *In a Different Voice: Psychological Theory and Women's Development*, Cambridge, Mass.: Harvard University Press, 1982.（キャロル・ギリガン『もうひとつの声——男女の道徳観のちがいと女性のアイデンティティ』岩男寿美子監訳、生田久美子・並木美智子訳、川島書店、一九八六年）

・訳文中で〔…〕は訳を佐藤が略したことを、〔　〕は佐藤が補った箇所であることを示す。訳文中での傍点は、特に断らないかぎり、原文がイタリック体であることを示す。

レヴィナス

「顔」と形而上学のはざまで

序

エマニュエル・レヴィナス（一九〇六―一九九五年）の名がしきりに口にされるようになって久しい。しかし内外の評者がこれほどレヴィナスについて語りながらも、レヴィナスの基本的な哲学的問題点が正面から批判的な検討に曝されることは決して多くない。例えばレヴィナスは思弁性の濃い論議のなかで、他者が「絶対の他」であると共に私に対して無制限に責任を求めるものだというが、それは具体的にはどういうことを意味しており、またそれは事象において確認できるものなのか。彼のこのような極端な責任理解は、レヴィナス個人の倫理的立場の表明にとどまらず、われわれの倫理の分析としてどういう意味をもつのか。彼が力点を置く言語の問題において現れる他者と、無制限の責任を求める他者との間に矛盾はないのか、等々。こういった基本的な問題が必ずしもいまだ十分な解明を受けていないのがレヴィナス研究の現状であるように思われる。

これらの主要問題が十分解明されていないのはどうしてか。ひとつには従来の評者たちが、レヴィナスの中心的問題に関して哲学的批判的考察を展開してもレヴィナス論として「建設的」とは思えない、と判断したからであろう。特にレヴィナスによる旧来の哲学への批判については、ある意味で混乱し粗雑な面もあるので、これを正面から弁護することは容易ではない。彼自身の思想を展開した諸概念も批判的に検討すれば穴の多いものである。これらの点から評者たちにはレヴィナスへの哲学的な観点からの批判的考察を丹念に行なうことは実りある作業に思えなかったのかもしれない。それよりは「欠点」に口をつぐんで特異で魅力的な諸概念をつまみ食いする方を選んだ評者も多かっただろう。

しかし、本書はこのような道をとらず、愚直にレヴィナスの中心的問題の批判的論究を試みる。その際、彼の論議を事象に引き戻して検討するという操作を何より重視した。というのも、あとで見るようにレヴィナス自身が事象に即することを旨とする「現象学」の手法を採用することを一貫して標榜しているからであり、にもかかわらず彼の思索はこれと矛盾するような抽象的な思弁という色合いを濃く帯びているからである。

この批判的論究の作業はことばで言うと簡単なことのようだが、実際には困難な作業である。レヴィナス自身が十分展開していない作業をするわけであるから、それは単なる解釈というより、彼のことばを素材にして新たな哲学を構築することにも近い労苦を求められると言っても過言ではなかろう。その作業の困難を増す理由のひとつは、レヴィナスの叙述が体系だった論理展開にこだわらず、読者を置き去りにして自分のなかの論議の筋道に沿って話を進めていくという特徴をもつことによる。

われわれはこういう批判的検討の作業によって彼の論議を整理した。哲学的観点からの批判の篩《ふるい》にかけるなかで、批判に抗しうるレヴィナスの真に傾聴すべき論議と、彼の積極的主張を再構成できたと思う。特にそのことで、評者たちには見過ごされてきたが、旧来の哲学への批判として有効な論議を取り出すことができた。

一方、事象に即して論じるなかで、彼の思弁的理論的構築に対する批判は徹底して行なわざるをえなかった。レヴィナスは絶対他へ向かう哲学者として評価されることも多く、その評価からすると第一の主著『全体性と無限』（一九六一年。TI）から第二の主著『存在とは別様に、あるいは存在することの彼方へ』（一九七四年。AE）（以下、邦題に従い『存在の彼方へ』と略称）への移行は肯定的にとらえられる。しかし事象の裏付けをとっていくと、この移行が十分に成功は収めていない点も否定できない。われわれはむしろ後者の著作に対して、より批判的な評価を下している。

なお、レヴィナスはユダヤ教に詳しく、宗教に起源をもつ概念が多く見られる。しかしながら彼は、宗教的な教義をもって哲学的論議に代えるような安易な論議は展開しておらず、彼自身、自己の論議が哲学的観点からとらえられることを望んでいる。

〔「あなたは宗教的思想家か」という問いに答えて〕「宗教的である」ということは、「決定的に真理として獲得された啓示の真理が、あなたのうちに、あなたの思考に入り込んで、あなたの哲学活動の基礎をなす真理になっているのか」ということを意味〔…〕します。私は自分がそうだとは思いません。（Poirié 1987, pp. 112-113／一五〇頁。同書中のインタビューにおけるレヴィナスの発言）

例えば宗教由来の概念も、換骨奪胎され、哲学の場だけで自立して意義をもつ概念として提示されているのだから、われわれが宗教的背景に踏み込んで考察しても、その概念自体の当否を判断する材料がそこからえられることはない（宗教的背景の考察はあくまで哲学的論議の理解の補足にしかならない）。また、同様のことはホロコーストの惨禍をくぐり抜けてきたユダヤ民族の一員であるレヴィナスの時代的社会的背景についても言える。本書では宗教や時代という背景に関係づけてレヴィナスの哲学を論じることは一切していない。

なお、本書ではレヴィナスの読者層の広がりを考えて、できるかぎり哲学史的な知識を前提としないような叙述を心がけるようにした。ただ、だからといって哲学的論証を避けるようなことはしていない。哲学的に重要な点については、哲学的論議に慣れない読者に妥協することはせず、綿密かつ徹底的に論じたつもりである。そういう読者には読みづらいかもしれないが、哲学史的知識をもちあわせておられない読者に門前払いを食わせるようなことはないので、辛抱強く読んでいただければ幸いである。

第Ⅰ部　「顔」と形而上学——『全体性と無限』

第一章 「顔」——輪郭の描写

1 顔

個々のテーマに詳しく立ち入る前に、本章と次章で「顔」というレヴィナスの思想の核心をなす概念をまずなぞっておきたい。第一の主著『全体性と無限』に沿って叙述するが、この概念については第二の主著『存在の彼方へ』でも基本線は継承されている。ただし本章では『全体性と無限』の「同」・「他」という抽象的概念に基づく思弁的考察と「顔」概念の関連には言及しない。この点は後で改めて考察することとし、「顔」を典型的な事例の考察を中心に事象に即して眺めておきたい。

他者を前にしたとき私は、彼に対して道徳的に対応することが求められていると感じることがある。例えば何かでむしゃくしゃした私が、私の立腹に何の責任もない我が子に八つ当たりして荒々しいことばを投げ掛けるとする。彼の怯《おび》えた目に、私は自分の不正が告発されているのを感じる。また、飢えた他者を前にしているとき、彼のまなざしは私だけが腹一杯食べていることを告発する。私が自分の罪を感じるためには、他者がことばに出して私をとがめる必要はない。私のことばに怯える子供の目は、一言のことばもなしに、私の心のなかに罪悪感を引き起こす。相手が口に出すまでもなく、そこにいる彼の存在自体によって私の不正が非難されているのを私は感じるのだ。

他者を前にして私は倫理的対応が求められているのを感じる。もしそれに応えないなら私はそのことの責任を負う。レヴィナスの「顔（visage）」という概念は、事象としてはこのような、私に道徳的対応を求めるものとしての他者の、対面の場での現出だといってよい[1]。

顔が現れるのが「対面の場」においてであるという点は重要な意味をもつ。他者はその場合、私に面と向かって現れている。どこか私の力の及ばない別の場所にいるのではない。どこか別のところ、あるいは別の時代にいるのなら、私は相手に同情しても、何もできないかもしれない。私は戦時中のナチスの残虐行為の記録を読み、殺されたユダヤ人たちに同情を感じるが、その人たちに対して何かできるわけでもない。そこに私の倫理的責任が生じることはない。しかし、目の前の悲惨に対しては、私は手を差し伸べることができる。だから「差し伸べなければならない」と感じる可能性も出てくるのである。対面の場であることとは、私が相手への倫理的働きかけが可能な場に立っていて、それを求められているということである。

他者が目の前にいることの意味はそれだけではない。目の前にいる他者は、私の行動を見ている。レヴィナス自身が取り立ててこのことを論議しているわけではないが、次の箇所はそのことを示唆するものであろう。

殺人に対する無限の抵抗〔…〕は他者の顔のうちで、他者の眼における全面的な裸出性のうちで輝く。(TI, p. 173／三五二—三五三頁)

私は憎い相手にナイフを振り上げるが、顔を感じてその手を振り降ろせない。「殺人に対する抵抗」とはその種の倫理的抵抗を意味する。想像してみるしかないが、殺そうとする私にその「抵抗」を感じさせるのは、とりわけ他者の「眼」であろう。レヴィナスも顔を「まなざし(regard)」に代表させて語ることがある(TI, p. 48／一二三頁など)。眼は他者が私の非倫理的な行為を知っていることを私に伝えている。相手が知らないところで相手に非倫理的な行為をなすのと、知っている相手に対して面と向かってなすのとでは、罪悪感が違う。

もちろん、私がナイフを振り上げた相手は、脅えおののくだけであって、私を道徳的に非難する余裕などもてないであろう。しかし、その脅える眼に、私は恐るべき非道を犯そうとしている自分が映っているのを感じ、自らの罪を感じ取るのである。眼という他者の主体性を象徴するものに気づいたために、私は今までの自己に無自覚的なあり方にとどまることが困難になる。つまり他者によって対象化されている自己を自覚し、その自己の罪を自覚させられるのである。

もう少し日常的な例に戻ろう。私はある他者の困窮を知っている。しかしその他者は私が彼の困窮を知っていることも、助けようと思えば助けられる状態にあることも知らないとする。私は知らないふりをすることも難しくはない。しかしその他者が私の前にいて、彼の困窮に気づいている私を見たとする。そこでは私はのっぴきならない状況に追い込まれる。あえて手助けをしない場合、相手の懇請や非難のまなざしに身を焼かれることになる。私はいたたまれず逃げるように立ち去るか、その場で自己の正当化のためのあと付けの理屈を頭の中で繰り返しながら、まなざしに抗するかのいずれかになる。しかしどちらの道をとっても、苦しんでいる他者を目にする以前の平静さを取り戻すことは容易ではない。

眼前の他者は、彼の周りに作り出された倫理的状況の中に私を飲み込んでしまう。「悲惨と飢えの理解が他への近さそのものを創設する」(TI, p. 174／三五四頁。「近さ」とは私が他者の傍らにいて相手への責任を感じているということ)。私が困難を承知で他者に手を差し伸べる場合の多くは、このような顔の圧力に負けた結果である。

なお、今までの例から推測できるように、顔の体験において身体部分としての顔が見えることが不可欠なわけではない。対面の場であるから、身体部分としての顔が見えることが多いのはたしかである。他者への倫理的責務をとりわけ感じさせる身体部分は顔やそこにある眼であるが、寒さに震える背に感じる場合もある。身体部分としての顔が見えるのは典型的事例に過ぎない。「顔」はこの典型的事例をもとに象徴的な意味で選ばれた語といえよう。

レヴィナスは顔を倫理の源泉として位置づける。したがって例えば、「己の欲せざる所は人に施すなかれ」というような倫理原則がまずあって、顔の経験はその原則の適用される具体例であり、そこで感じられるすべての当為感覚は元の原則に由来するという事情ではない。むしろこの顔の体験の倫理性は、体験自体に基礎をもつものである。

そしてさらに私の感じる倫理原則自体も、顔に基礎づけられている。もし私が一切顔を感じないとすれば、いくらアメとムチで倫理規範をたたき込まれたとしても、私の心の中に今の私ほど根深く倫理規範が植え付けられることが可能だっただろうか。車の事故でひとをケガさせたとき、私が深いショックを覚えるのは、単に罪に問われるかもしれないという利己的恐怖心からだけではない。その人にすまないという罪悪感が私を揺り動かす。日常的な言い方でいえば私はそのとき「良心の呵責」を感じているのだが、「良心」――レヴィナスはこういう概念は使わないが――と呼ばれるものは教育の力でたたき込まれ「洗脳」され信じ込まされただけのものではない。逆に私が顔を感じるからこそ、倫理教育も可能になり、倫理規範が私のなかに根づいたのであろう。

レヴィナスは他者の典型として「異邦人」を例にあげることがある。異邦人の状況は「身ぐるみ剝がれ、プロレタリアである」（TI, p. 47／一二二頁）という形で描かれている。異邦人は何かの事情で彼の国を捨て、家も財産も手放し、私の国に一人迷い込んだ人物である。異邦人に対しては、私は過去に何の関係もなかった。社会的意味では、彼を援助してやる義務はほとんどないだろう。

たしかに現代では人々の交流が盛んになり異邦人を目にするのも日常の出来事となってい

るし、また人権思想が浸透しているから、異邦人を分け隔てなく親切に扱うことにそれほど抵抗感はないかもしれない。しかし、すぐれたユダヤ教学者でもあるレヴィナスはしきりに旧約聖書から例を引いてくるが、この例も聖書に現れる異邦人の姿を念頭に置いていると見なしうる。旧約聖書の世界では、異邦人はもっぱら異教の人々である。一人われわれの町に迷い込んだ異邦人は一般の人々にとっては排斥の対象でしかなかったろう。

社会的にはそのように異質なものとして排斥される異邦人であるが、彼の貧窮は私に顔を感じさせる。私は彼に対しては過去に何の恩義もないし、彼を助けてやるように社会的に強制されることもない。その人に対して義務を負う社会的な根拠などないにもかかわらず、私は顔を感じて、彼に責任を感じる。顔が私に責務を感じさせるのは社会的根拠ゆえではない。顔はそれ自身で、私を義務づける力をもつ。レヴィナスは顔の「裸出性（nudité）」を語るが、それはこのような意味だと理解できる。

顔が私の方を振り向いたということが、顔の裸出性そのものなのである。顔はそれ自身で存在するのであり、体系に依存することによって存在するのでは決してない。（同所）

また時期は下るが、別のところで、こうも言っている。

> 他人[2](autrui)の顔の厳正さにおいて考えるとき、他人は文脈の中の「役割り」ではありません。普通、人は「役割り」です。人はソルボンヌの教授であったり参事院の副議長であったり誰それの息子であったりします〔…〕。あらゆる意味は、この語の普通の意味において、そのようなある文脈に相関的なのです。あるものの意味は別のものとの関係のなかにあります。しかし今の場合、それとは逆に、顔はそれ自身で一つの意味なのです。(Lévinas 1982a, pp. 90-91/一〇七—一〇八頁。本書は、一九八一年のレヴィナスの対話を収録している)

顔は他者のおかれた客観的社会状況や、その「役割り」によって基礎づけられて私に対して現れてくるのではない。また、他者を助けた結果として私に生じる利益とも関係がない。もちろん何かの客観的根拠が因果的に私に顔を感じさせるのではない。むしろ顔はここに挙げたたぐいの各種の客観的条件とはかかわりなく、直接現れてくる。顔が基底なのであって、それを基づけているさらなる基底があるわけではなく、顔を何かに還元することはできない。

同じ異邦人の姿を眼にしているなら目に入るものはほぼ同じであろうが、私は顔を感じ、別の人は感じない。あるいは私は今この異邦人に顔を感じているが、昨日同じ人を見たときには感じなかったかもしれない。この感じ方の差を客観的条件の違いで説明することはできない。

ただし、その差は私がそのときちょっとセンチになっていたからとか、過去に自分も異郷でつらい目にあったことがあるから異邦人に同情的だというような「主観的条件」の差によるのでもない。「主観的条件」であれ「客観的条件」であれ、何かの条件の直接の帰結であるなら、顔はその条件によって説明できてしまうことになる。逆に言えば説明は何か別の条件への還元を必要とする。だからレヴィナスが顔を何ものにも還元できない基底と見なしたということは、客観的条件であれ、主観的条件であれ、顔は何にも還元できず、何によっても説明できないということを示している。

先に顔が倫理の源泉だと言ったが、それだけではこの源泉が何か他のものから生じてきたものであることを排除しない。今見たのは、顔が何か他のものに基礎をもたない基底的源泉だということである。

2 無限の責任

顔は私に他者への責任を迫る。しかし責任はどこまで及ぶのか。レヴィナスは顔の求める他者への責任は無限だという。

> 責任が無限であるとは〔…〕引き受けられるにしたがって責任が増大していくことを意味している。〔…〕私が正しくあればあるほど、私はより以上に罪がある。（TI, p. 222

／四三九頁）

私が道徳性のほとんどない獣のような人間なら、他人を殺傷しても何も感じないかもしれない。しかし道徳性が高まるにつれて、責任の自覚も高まる。人並外れて道徳性の高いひとは、常人なら責任を感じない事柄にも責任を感じてそれを引き受けるだろう。道徳性が高まれば高まるほど、責任は増大する。

義務は果たされるに応じて拡大する。私が義務を果たせば果たすほど、私の権利は縮小する。（同所）

責務が増大した果てには、「他者のために実存すること、〔…〕〔自らの〕死より殺人を恐れること」（TI, p. 224／四四二頁）に至る。後の時期のさらに明瞭な言い方を使えば、「身代わり」が、つまり他者の身代わりになって自分が死ぬことまでが責任として課される。

なお、「道徳性が高まるにつれて、責任の自覚も高まる」というわれわれの表現は、顔の迫る責任の感じ方を「道徳性」の多寡に基づけているかのようであり、顔が何ものにも基づけられない基底だという直前の話と矛盾するように聞こえるかもしれない。しかしながら「道徳性」とは「顔をどれだけ感じるか」ということだと理解すべきであろう。つまり先の表現は顔を感じやすいほど責任を感じるという同語反復的言明にほかならず、顔を別のものに基づけているわけではない。

　果たされるに応じて責任が増すという無限責任の構造は常識的な倫理観からでも、ある程度は納得できるかもしれないが、身代わりの死まで要求するという点は簡単には受け入れがたい。そこで特に身代わりの死に焦点を当てて考えていきたい。

　レヴィナスの責任概念の明瞭化のため、彼自身の使っている概念ではないが、「完全義務」・「不完全義務」という倫理学の基本概念に基づいて整理してみたい。「完全義務」とは、その履行が当然の行為と見なされ、特に功績とは見なされないが、その不履行は他者の権利侵害を含み罪責と見なされる義務のことである。殺人や窃盗の禁止など、一般に刑法の禁止する義務はこれに該当すると見なされる(3)。窃盗禁止義務に従うことは何ら功績ではなく人として当然のことだが、窃盗禁止義務の違反は罪である。一方、「不完全義務」とは、その履行が功績と見なされるが、その不履行が罪とは見なしえない義務である。人に親切にすることは義務であり、それを果たす人は良い人と称賛されるに値するが、親切にしないからといって社会の指弾や刑罰を受けるべきものではない。完全義務が社会的強制によって順守を迫られるものであるのに対して、不完全義務は強制になじまず、自由な選択にゆだねられるべきものである。

　ではレヴィナスの身代わりの死まで要求する責任は、この対概念のどちらかに対応するのか、それとも対応しないのか。具体的事例で考えてみよう。燃え盛る家の中で見知らぬ老女が叫んでいる。私が助けに飛び込めば、仮に老女を無事助けても自分はやけどして死んでしまうかもしれない。もしそうなればこれは私が身代わりに死ぬことにほぼ等しい。命を賭して飛び込むひとは、彼女の姿に身代わりをも求める顔を感じたのであろう。[4]

一般の道徳観からすれば、この行為は仮に「義務」と言えるとしても――「義務」と言えないという考えもありうる――「不完全義務」である。飛び込めないで見殺しにしたからといって、その見殺しにしたひとを臆面もなく非難できるようなひとはいないだろう。自分が同じ立場に立ったとき、飛び込んでいけると確信をもって言えるひとなどいないだろうからである。また、この「義務」はそれに背《そむ》いたとしても刑法的に裁けるような筋合いのものではない。むしろわが身を守ることは何より優先される権利として認められている。助けようとしたひとはその権利を自発的に放棄して、他人のために危険を冒すのである。

一方、レヴィナスが「身代わりの死まで要求する責任」ということを語るとき、他者への責任は「履行しなくても罪と言えない」ような不完全義務ではない。他者の前で私の権利は存在しない。不完全義務の履行は私が自らの権利放棄を行なうことによるわけだが、今の場合その放棄すべき権利さえ最初からないのだ。

むしろレヴィナスの言う他者への責任は完全義務と共通点を持つ。履行しないことが直ちに罪であるような、容赦のない義務として課されているというべきである。ただし、「履行しないことが直ちに罪である」といっても、社会的強制力の裏付けをもつ社会的な罪ではない。罪と感じるのはあくまでも顔を感じている当人のとらえ方であって、社会的に罪として扱われるわけではない。なぜなら完全義務は法的義務と共通点を持つことから社会的強制力を持つが、顔の義務はあくまでも当人への訴えだからである。

社会的強制力を持つためには、何か普遍的に適用可能な原理に基づく必要がある。一般に、社会規範は特定の条件に該当するすべての人に例外なく適用される普遍的原理としてある。例えば、誰でも他人の所有物を勝手に自分のものにしてはならないのである。

このような普遍性がないということは、個々人をその該当する特定の条件において扱わないということである。つまり個々人ひとりひとりに対して、行なうべき義務を一から考え、ふさわしい義務を見いだしていく必要が生じる。このような煩雑な操作を必要とするものは社会規範として有効性をもたない。

しかしながら、顔は普遍的原理に基づく命令ではない。仮に普遍的原理に基づく命令だと仮定すれば明らかに矛盾を来す。燃える家の中に取り残された老女を助けようとするＡ氏が「自分の命に代えても他者を救わねばならない」という道徳的命令に従って行為するのだとしよう。しかしその同じ命令は、老女自身にも適用されるはずである。だとすれば自分を助けようとして他人が命を危険にさらすことのないよう、自分が甘んじて死を選ぶか、少なくとも助けを拒んで独力で逃げるよう努力すべきだということになる。これでは同一原理が相矛盾する行為をそれぞれの人に命じていることになる。これは単にこの個別例だけでたまたま生じた矛盾ではない。「自分の命に代えても他者を救わねばならない」という命令が普遍的に適用されるとすれば、助けられる者も助ける者を犠牲にしないために自分は犠牲にならねばならない。助ける者への命令と助けられる者への命令との矛盾が、常に、原理的面で生じてくる。したがって、この命令は（普遍的適用可能性をもたねばならない）原理としては廃棄されざるをえまい。

「顔は自らを意味付ける」（TI, p. 113／二四六頁）とレヴィナスは言うが、これは顔が倫理原則も含め、何ものにも基づくものではないということである。

しかし顔の要求が普遍的原理に基礎をもたないとすると、命の危険にさらされている老女を見て、私が無限責任を要求する顔を感じたとしても、私と並んで火事を見ている他のやじ馬が同じように感じているとは限らないことになる。仮に普遍的原理に基づいて顔の経験が生じているなら、同じ状況にある他のやじ馬も同じように感じているはずだろう。また、仮に普遍的原理に基づいて道徳的当為が生じるなら、他のやじ馬も無限責任を感じるべきだと言えることもあろう。しかしながらレヴィナスの言うように普遍的原理によらない顔が独自に私に無限責任を求めているのだとすれば、他のやじ馬が顔やそれに由来する無限責任を感じているはずだとか感じるべきだとか言うことは、直ちにはできない。感じているかもしれないし、そうではないかもしれないが、それは少なくとも各人に確かめるまでは分からない[5]。また、無限責任が顔を根拠にするものであり、普遍的原理に由来するものでない以上、他のやじ馬がそれに従うべきだとは言えない。

レヴィナスは自己と他者の「非対称性（asymétrie）」（TI, p. 24／八二頁）を語る。これは「外から自分を見ることの根源的不可能性、他人について語るのと同じ意味で自分について語ることの根源的不可能性」（同所）のことである。

一般の常識では、私から見た他者と、他者から見た私（「外から見た私」）とは、同様のものであり、実物と鏡像が鏡を対称軸として対称をなすようになっていると見なされている。しかしレヴィナスがここで述べているのは、そういう対称性、同等性は成立していないということである。今問題にしている具体的な道徳的文脈に限って考えれば、この概念は自他が同等・平等ではなく、むしろ他者の方が道徳的に尊いということである。私は他者以上の責任を負うが、私は他者に何も要求できない。

右に見てきた顔の要求はこのことを示唆していた。顔は私に無限責任を迫りつつ現れる。無限責任は――私の道徳性が十分高いならば――場合によっては私に他者の身代わりの死まで求めることがある（TI, p. 217／四三二頁）。

一方、他者が同様の責任を私に対して感じるべきだとは、少なくとも顔を根拠とするかぎりは言えない。つまり顔は私だけがこのような過大な要求にさらされていることを告げているのである。顔の声に耳を傾ければ、自他は非対称であり、他者は私より尊い者だというのである。

なお、顔が無限責任を求めると言っても、無限責任は私の責任の自覚に応じて私により大きな責任を課すものであった。したがって無限責任を顔が迫っていると言っても、最初から他者以上の責任が課せられていると私が感じているわけではない。道徳性の低い私は、他者と同じだけの責任を迫られていると感じるだけかもしれない。またそもそも状況が他者以上の責任履行を必要とするようにはなっていないこともあろう。他者の身代わりに死ぬというような究極の責任を求められる状況に遭遇することは生涯一度もないかもしれない。日常の倫理状況の中で他者以上の責任を求められるというような状況はむしろ例外的であろう。そうだとすれば、レヴィナスの言う過大なまでの自己の倫理的責務に十分な自覚のある人でさえ、常に他者以上の責務を果たし続けなければならないというわけではない。

ところで、道徳的に凡庸な一般人である私には無限責任はいかなる形で現れるだろうか。道徳性が高まるにつれて、その要求の高さが自覚されるようになるのだから、凡人である私が自覚するのはせいぜい対等な責任ぐらいであろうか。『全体性と無限』のレヴィナスは現象学的方法に則ることを標榜する（TI, p. XVI／二七―二八頁）。現象学はあくまで理論的構築を避け、私に現れてくる事柄自身に即することを最優先する。そうであるなら私自身が他者以上の責任を感じる体験をしたことがあるかどうかがレヴィナスの論議の正否を検討していく際に大きな意味をもつ。私には体験できないもので、他人の体験に依拠して論議しなければならないものなら、その現象学的検討に大きなハンディを負うことになるからである。

道徳的凡人が無限責任をいかなる形で感じるかという点について、レヴィナスのことばに手がかりは見いだしがたい。あたかもレヴィナスは道徳的聖者の観点から書いているかのようにも見える。レヴィナスを離れ、あらためてわれわれの事例で検討し直してみよう。

たしかに私が他者以上の責任ということを実践の場で真剣に受け止めるような機会はまれである。先の異邦人の事例で考えよう。私は異邦人が迷い込んできた村の村人のひとりである。私は扉をたたいて一夜の宿を求めてきた異邦人を追い返した。平凡な村人である私は倫理学的な責任概念など知らないが、世間的な倫理観に基づいて、その私の行為について例えば次のような倫理的判断を下す――「あの異邦人を哀れに思う気持ちはある。しかし異教徒である彼を助ければ村の面々との間で自分の立場が面倒なことになることは分かっている。あの異邦人も私と彼が逆の立場に立ったなら、どうせ私を助けてくれることなどないだろう。それなのにどうして私だけが助けなければならないのか」。――このとき私は自他対称性を盾にして、異邦人への非対称的責任は存在しないと考えている。あるいは異邦人への非対称的責任を一種の「不完全義務」として――こういうことばは使わなくてもこういう責任のとらえ方は世間的になされる――認めながらも、私が養うべき多くの家族を抱えて余裕がないという理由で私は免責されると考えることもできる。また、同様に「不完全義務」と認めながら、この義務は果たさなくても罪ではないから、異邦人に手を差し伸べなくてもそのことに特段の良心のやましさを感じる必要はない、と考えることもあるだろう。多くはこの種の言い訳で、自己の免責を図る。

　しかしながら、私がこういう言い訳を頭の中で組み立てているその時に、ある者が家から出てきて異邦人を自分の家に招き入れたとしよう。私はその勇敢な男か女の行為に胸をうたれる。私もあのようにすべきだったのだ、と感じて恥ずかしく思う。恥ずかしく思う私には、異邦人が戸をたたいたときに感じた顔がまざまざとよみがえり、その顔からやはり私が他人以上の責任（逆の立場に立ったときに私が相手に求めてよい以上の責任）を負うことを知らされているのだろう。あの時の異邦人の目に映っていた冷たい自分の姿を想像して耐え難い恥ずかしさを感じている。現在的直接的な顔ではない（だから現在的対面状況において責任を問われているのではない）が、この私は顔（の一変容）に襲われていると言ってよかろう。あるいは別の事例として、後日、あの異邦人が村外れで冷たくなって見つかったとき、私はあの日の門前払いの情景を想起して罪の意識に駆られるかもしれない。このときも同様の顔の変容に襲われているのだろう。

もちろん、顔は言語による命令のように、明瞭に規定された義務を私に課すものではない。だから右で見た事例のような場合でも、顔に耳を傾けるだけでどこまでが私の義務なのかという明瞭な範囲が一義的に示せるわけではない。そこで解釈が介在せざるをえない。この解釈のなかで、あらためて免責の言い訳が確認されることもある。しかし逆に解釈を契機として、さらなる責任への自覚が促されることもある。

この事情は他者の身代わりに死ぬという極限的な責任であっても同様であるように思われる。たしかに凡人たる私は他者以上の責任を完全義務として認めることも、ましてやその責任を果たすこともない。しかしそれでも他者以上の責任という概念は私の倫理的実践のなかに落ち込んできて私の責任意識を揺さぶりうるものであり、倫理の現象学にとって無意味なものではない。もちろん、これだけで他者以上の責任という概念の検討に関する方法的問題がすべて解消されたとはいえないが、本章は予備的考察に当てられているので、「他者以上の責任」の検討は差し当たりこれぐらいにして先に進みたい。

注

（1）レヴィナス自身の「顔」の定義についてはのちに触れる。
（2）以下、訳文中で autrui（Autrui）は「他人」と訳し、autre（Autre）は「他」と訳す（レヴィナスにおいて autrui と Autrui、autre と Autre の間に意味の差は見られないので、これらは訳し分けない）。ただし本書では引用文以外では「他人」と「他者」を同義的に使っている。
（3）カントなら義務には「自己への義務」もあるが、それはここでは考慮に入れていない。
（4）カントはこの種の行為が義務であることを認めながら、他方で自己の生命を維持するという自己に対する義務を毀損するという問題点があることを指摘している（『実践理性批判』「方法論」（Kant 1908, S. 158））。この種の問題は「決疑論」に属する問題とされ（『人倫の形而上学』「徳論」第六節）、厳密な学問的論議だけでは片づかないものとされる（同書「徳論序論」XVIII）。ただし、カント的な学問観とわれわれのそれとはずいぶん違うので、この結論を受け入れることはできない。
（5）次章で見るが、実は確かめても分からない。

第二章 「選び」

1 選び

顔を倫理の源泉と見なすレヴィナスは顔の要求する自他非対称性を肯定しなければならない。これは学問的面で肯定しなければならないというだけのことではない。当然、実践的面でも肯定しなければならなくなってくる。つまり、顔は身代わりの死までも要求することがあるから、そういう場合にはこのような要求も応じるべきものだと認めねばならなくなる(実際に応じることが意志の弱さのせいでできなくても)。

しかしながらこのような過酷な要求に応じることは途方に暮れるほど困難である。私は次のような疑問を投げ掛けずにはいられない——「本当にこういう要求に従わねばならないのであろうか。私が他者の身代わりになるということは、私より他者の方が尊いということである。その根拠が何かあれば、私は他者のために身を投げ出さざるをえないかもしれない。例えば私が過去に殺人の大罪を犯したとすれば、その償いに今回は誰かのために自分を犠牲にしなければならないといわれても仕方がないかもしれない。しかしそのような、私の犠牲をやむをえぬものとするような根拠があるのだろうか。たしかに顔は身代わりを訴えていて、これは一つの根拠ではあろう。しかしそれだけでは私に身代わりを迫るには余りに説得力に欠けるのではないだろうか。身代わりの根拠は顔以外にないのか」。——レヴィナスはこの疑問にいかなる答えを返すのか。それを見るためにはまず、彼の「選び」という概念から見ていかねばならない。

私は無限責任を負わされている。

> 正義は私を正義の直線をこえて彼方へ赴くよう催促する。そしてその時からこの歩みがここで終わりだと告げる印は一切ない。法の直線の彼方に、善の大地が無限に広がる〔…〕。したがって、正義にとって、客観的法によって確定されたあらゆる限界の彼方に責任をもつものとして私は不可欠なのである。私とは一つの特権、ないし一つの選び(élection)なのである。(TI, p. 223／四四〇頁)

無限責任を負わされた私は、他者より大きな責任を負う。法は普遍的なものであるから他の人々と同じだけの責任を私に求めることしかしない。しかし、私は法の求める以上のものが顔から求められているのを感じる。それがここで言う「正義」である。[1] しかし顔は私のみにこのような責任を課す。前に見たように、顔は普遍的な原理に基づいて生じるものではないのだから、一定の条件を充たす人なら皆、この種の「法を超える正義」へと催促されているとは言えない。ましてや人間はすべて正義へと催促されているなどとは言えない。とすれば、私は「法を超える正義」へと「選ばれた者」なのである。レヴィナスによれば、この選びという私を特権視する出来事こそが、私を他の人々とは違った私にするのである。「私とは一つの特権、ないし一つの選びなのである」という直前の引用もこの意味で理解しなくてはならない。

では、先の問いをもう一度掲げよう。顔以外に何か私の「選び」を根拠づけるものはあるのか。――結論だけ言えば、「ない」。レヴィナスの立場に立てば顔の命令は何ものにも還元できない基底である。なお、顔の命令があって初めて顔と言えるのだから、顔が基底であるということは他者以上の責任を求める顔の命令が基底であるということと変わらない。当然、何か他のものから顔を説明することも、それを根拠づけることもできない。

レヴィナスの立場からでなくても、事象的に見ても同様の結論に達するだろう。私が他者以上の責任を負わねばならないということを正当化するような根拠がどこに見出せるだろう。私の犯した過去の罪か、それとも他者が私以上の身分であることや他者が過去にあげた功績か。たしかにそういう条件がある場合もあるかもしれないが、顔を感じる相手にそのようなものが備わっていないことの方が普通であろう。レヴィナスが他者の典型とする異邦人を考えてみればよい。社会的には私が一切責任を負わないはずの異邦人であっても、彼を助けよ、という当為を感じることがある。顔を基礎づける根拠を見出すことができるとは思えない。

2　歴史の裁きと神の裁き

レヴィナスは「歴史の裁き」と「神の裁き」という対概念を使って、顔を裏付ける客観的根拠がないということの事情を論じている[2]。

顔は自他の非対称性を告げる。他者が私以上に尊いということのことの理由を問われても顔以外にそのことを証し立ててくれるものはない。一方、目の前の他者が何か偉大な人物だからとか、私が彼に以前に助けてもらったからといった理由で私が彼に尽くさねばならないという事情なら、それは客観的な事実に根拠がある。「歴史の裁き」とはこういう客観的な事実に基づいてひとに罰や義務、報償を下す裁きである。「裁き」といっても社会が、あるいは歴史が個々人を扱う仕方として理解すべきであり、必ずしも法的な対応に限らない。「歴史の裁きは目に見えるもののうちで言い渡される」(TI, p. 220／四三六頁)。誰の目にも明らかな客観的事実が歴史の裁きの根拠である。私が仮にある宗教の信者であるとか在日朝鮮人であるといった理由で差別されるとすればそれは不当といえようが、それでもその不当な裁きは客観的な事実に基づいた裁きである。社会的な裁きは、いかに裁きの内容が不当であれ、こういう客観的な事実に基づいてしか下されえない。しかし私が負う他者以上の責任は、このような客観的事実に基づいて課せられたものではない。繰り返し述べたように、客観的事実のレベルでこのことを説明できるものは何もない。

レヴィナスは私に他者以上の責任を負えという裁きを下すのは、「歴史の裁き」ではない別の裁きだという。それが「神の裁き」である。

〔歴史の〕裁きというものはそれがいかに理性的で普遍的原理によって動かされ(inspiré)、その結果として目に見える明瞭なものであっても、〔…〕個別性に対する目に見えない侮辱を本質的に生む。神の裁きという概念は個別性へのこの侮辱も考慮に入れる、裁きの極限的概念である。(TI, p. 221/四三八頁)

ここでいう「個別性への侮辱」は二つの意味をもつ。一つには私に顔を感じさせる眼前の他者の個別性の無視である(TI, p. 225/四四三頁)。他者の「個別性」という表現で示されているものは、私とは違った他者の特異性、すなわち他者の私以上の尊厳を指す。しかし顔は客観的条件に基盤をもたない以上、他者のその個別性は客観的な条件によって判断するかぎり明らかにならない。そのため歴史の裁きはこの尊厳を無視する。これが他者の個別性への侮辱である。

「個別性への侮辱」は第二に、歴史の裁きが私の特異性、すなわち私が他者以上に責務を負うよう選ばれた者だということを無視することを指す。社会は私が他者より多くの責任を負う者とは見なさない。当然、社会がそういう責任の履行を迫ることはない。その意味では、むしろこの「侮辱」は私にとってはありがたいことかもしれない。

歴史の裁きが考慮に入れることのできないこの二種の「個別性」を斟酌するのが神の裁きである。二種の個別性は、私が眼前の他者に尽くす者として「選ばれた」という一つの事柄の表裏である。だから神の裁きの内容はただ一つと考えてよい。すなわち神の裁きは私を選び、眼前の他者に相手以上の責任を負えと命ずる。しかし「神の裁き」といっても神が直接私の前に現れてその裁きを下すわけではない。あくまで今まで見てきた顔の私への命令が神の裁きなのである。顔は歴史の裁きが決して考慮に入れることのできない、私の選びを告げている。それが神の裁きの判決内容そのままなのである。神を語っていてもレヴィナスは証明の代わりに宗教的議論をもちこむ安直な議論を展開することはない。したがってレヴィナスにおいては「神」の語が出てきただけで哲学的解釈の通用しない地点に踏み込んだと理解するべきではない。

しかしながら、このようだとすると「選び」と言い「神の裁き」と言っても、実質上は顔の要求以上の何ものかが加わったわけではないように見える。例えばそれらから顔に対して、何か顔自身では得られなかった客観的根拠（ないしそれに代わる根拠）が付与されるというわけでもない。もしそういう根拠を与えられるようなものなら、「選び」や「神の裁き」という概念をもちだす意義は十分あるが、実際は顔が私に対してのみ現れ、自他非対称的な責任を迫るということだけなら、これらの宗教由来の誤解を招きやすい概念を使う意味があるだろうか。

私の考えでは、顔概念だけですませない理由のひとつは、顔が私の責務のすべてをつねに十分に表しているのではないということからくる。レヴィナスの「無限責任」の概念によれば、私の真の責任（レヴィナスが「真の責任」と見なすもの）と顔において感じる私の責任の大きさには差が生じうる。つまり、顔が私に今示す責任と「真の責任」とのあいだに乖離が生じうる。また、私がいつも顔を感じているわけではないという事情も、同様の当為感覚と真の当為とのあいだの「乖離」を示す。

この「乖離」を理論のなかに取り込む必要がある。「真の責任」を裏付ける事実が「選び」であり、私を選ぶ「神の裁き」である。私の責任は「選び」ゆえの責任であり、選びがあるから「真の」責任なのである。それゆえ私の責任は裏付けのない当為感覚だけの単なる主観的義務感にとどまらない。ただし、もちろん「選び」の事実を示しうるのは顔の証言だけだから、「選び」の「事実」をもちだしても顔の真実性を補強する論拠にはならない（そのかぎりで「選び」は顔を前提として事態を整合的に説明するための論理的装置、ないしは顔からの論理的帰結にとどまる）。

したがって、顔がいつも正確に反映しているわけではない「真の責任」といわれているものは、はたして本当に真の責任か、顔と乖離しているなら、むしろその責任自体が存在しないという可能性はないのかという疑念を、つまり顔は単なる主観的なものにすぎないのではないかという疑念をもつのは当然である。そしてこの疑念は晴らしようがない。私だけが例外であるということには顔以外の根拠を示しようがないのだから。

顔の背後に「選び」を想定しても決して顔の真理性を増すわけではない。しかし顔に対して別の対応も可能である。顔がそれ以上の裏付けのない独特の義務感覚であるとしよう。しかしそのことゆえに顔の義務づけの効力に疑いを向けたり拒絶したりするのでなく、むしろそういうものとしてのまま、顔の要求を受容し、それに従うこともできる。このとき、顔の要求に効力を与えているのは、背後の「選び」ではなく、顔に従おうとする私の決断である。顔が従うことを求めているのはこの私だけなのだから、客観的に顔に従う根拠などなくても、私の決断で、私の選択で、それに従うことを決断すればよい。そのとき、顔は私にとって、私の力で効力あるものとなる。

しかしながら、この選択肢はレヴィナスの意図とまったく相容れない。というのも、この場合、他者に尊厳を与えているのは結局は私だということになるからである。次章で見るが、他者の他性を評価してこなかった哲学の伝統と対決し、それを回復しようとするレヴィナスにとって、私が他者に尊厳を与えるという形で他者の尊厳が発生するのを認めることは、他性を抹消することになってしまうのである。したがってレヴィナスがそういう選択肢をとることはできない。「選び」、「神の裁き」という概念はこういう文脈で必要となる。つまりこの概念は他者の尊厳を私以外のものに基づけるためのものなのである。

3 証示不可能性（方法的考察）

なお、ここで見てきた私の倫理的な選びにかかわる諸概念は客観的根拠をもって証示できないものである。後の『存在の彼方へ』では顔の倫理のこのような性格が明瞭に彼の思想の中心に躍り出ることになるが、『全体性と無限』では、このことの持つ意義はなお漠然とした形でしか自覚されていない。しかし『全体性と無限』でも随所で大きな意味を持つことは確かである。われわれが「選び」の客観的根拠の不在という点に最初に注意を喚起したのも、こういう理由からである。

なお、このように「選び」が客観的根拠をもたないという点を見て、今まで喉元まで出かかっていた疑問「他者は私に顔を感じないのか」にも一応の答えを与えられるように思える。レヴィナスは、他者は私に顔を感じないのかという問いに次のような回答を何度かしている。

あなたは他に対して有責だが、他があなたへの責任を受け入れるべきかどうかはあなたにはどうでもよいことです。〔…〕他が私に何をなすかはその人の決めることなのです。それがもし私の決めることなら、身代わりは取引きの一要素となり、無償性を失ってしまうことでしょう。(Lévinas 1982b (1986), p. 148／一八一―一八二頁)

ただ、これはすでに顔の自他非対称要求を受け入れた立場からの発言である。むしろわれわれは、顔の要求を受け入れるか否かを決めるために、他者は私に対して顔を感じないのかを知りたいのである。他者が私に顔を感じているなら、私だけに犠牲を強いる自他非対称性は成り立たないかもしれないからである。しかし『全体性と無限』およびそれに直接つながる思想圏の著作のなかには答えの示唆を見出すことはできない。

だが、レヴィナスの明瞭な言明がなくても、「選び」概念から答えの示唆が得られる。他者が私に顔を感じているらしいということは、彼の言動で推測できることがあるだろう。しかしながら私が感じる顔についてさえ、それが単なる主観的な感覚にすぎないという疑いを拭い去ることはできなかった。だとすれば他者が私に対して顔を感じていると証言したところで、それはその「顔」が単なる主観的な感覚ではなく、真実の義務を命じているものであるという決定的証拠にはならない。だとすると、他者の証言をもとに、「私もあなたもどちらも自他非対称の要求を感じているから、相殺して義務は自他均等か、あるいは矛盾しあう義務を要求しあうからそれらの顔の要求に耳を貸す必要はないか、どちらかだ」というような結論を――あたかも根拠ある論証であるかのように――下すのは許されないことになる。

たしかに私だけが選ばれたものであるということは理性的に納得しがたい。顔の要求への聴従においては理性的判断にすべてを任せることはできず、私の決断が必要である。しかしレヴィナスによれば、その決断は私が価値を作り出すことを意味するのではなく、顔の訴えを信じる決断、顔の背後にある選びを信じる決断なのである。

注

（1）あとで（第十章）『存在の彼方へ』の正義概念を扱うが、それは今見ている『全体性と無限』の正義概念とは異なる。この点を混同しないよう注意する必要がある。

（2）なお、この対概念については信頼できる評者の間にも誤解がまま見られる。例えばペパーザーク（Peperzak 1993, pp. 191-192）、シュトラッサー（Strasser 1978, S. 380）など。

第三章　「同」と「他」

1　同と他

レヴィナスは右で見た顔の現象学的考察を「同」・「他」の対概念を中心とした形而上学的考察[1]の基盤に据える。「他」を圧殺してきた旧来の哲学の基盤に基づくかぎり、顔の現象学的考察も再び「他」を圧殺する旧来の哲学の伝統の中に取り戻されてしまうからだという。新しい酒を入れる新しい革袋をレヴィナスは調達しようとし、旧来の哲学の全面的刷新を企てるのである。

その新たな哲学構想において、レヴィナスは今までの哲学体系の中で常に二次的なものとして位置づけられてきた倫理学を「第一哲学」(TI, p. 281／五四五頁) として基底におこうとする。その結果、顔は単に倫理や倫理学の源泉というのではなく、哲学一般の源泉という地位を与えられるのである。このようなかつて誰も試みなかった大胆な構想はどのようにして正当化されるのであろうか。レヴィナスの論述を眺めていきたい。

『存在と時間』（一九二七年）においてハイデガーは、まず実践におけるあり方を中心にして人間をとらえ、そこを起点に日常的な人間の存在論的叙述を展開した。一方、倫理を一貫して中心において考えるレヴィナスは、このようなハイデガーの構想を転覆し、新たに倫理を中心にして人間のあり方をとらえ直すことが必要だと考えた。着想の手がかりはハイデガーの先行する業績にあるが、内実はレヴィナス独自のものである。

2　享受

レヴィナスは「同」・「他」のかかわりとして人間のあり方すべてを考え直そうと試みる。私はそもそも「他」とのかかわりなくしては存在しえない。その「他」は物であったり他人であったりするが、私は常に、私以外の何かにかかわりあうことで生を営んでいる。物を使ったり食べたり、他人と話したりしている。このような広い意味での「他」とのかかわりの本質性への着目は何ら目新しいものでない。現にハイデガーは人間の本質を「気配り(Sorge)」に見ていた。だが、レヴィナスが注目するのは、私は他とかかわるなかで、常に自己を維持し、自己同定し続けているということである。私は自己を消失し、拡散消滅してしまう可能性が常にある。そうならずに自己を維持し続けているから私は今存在するのであり、私の存在の根底には自己を維持しようとする企てを見ることができる。

自我（le moi）とは常に同一にとどまる存在ではなく、その実存が自己同定にある存在、自我に到来するあらゆるものを通じて自らの同一性を再発見するような存在である。（TI, p. 6／四五頁）

「自己同定」といっても、思弁的反省的な自己確認などではない。後に『存在の彼方へ』でレヴィナスが「存在努力（conatus essendi）」という伝統的用語で呼ぶようになる、生の維持の具体的な試みである。

世界という「他」に対する自我の様式は、世界を我が家としてそこに実存しつつ、滞在し自己同定することである。世界内における自我は、最初は他なるものだが、そのうちに土着のものになるのである。（TI, p. 7／四七頁）

この自己同定の働きの具体像については後で述べるので、現時点ではまだ比喩的かつ抽象的なイメージでレヴィナスのこのことばをとらえるにとどめよう。レヴィナスの考える自我とは他である世界に住み込むことで自己であり続け、自己を確立安定させてゆくものである。そのかぎりで自己同定の働きは、普通に自我と見なされているものの限界を超えて及んでゆく。世界に土着した自我は、世界を我が家として住まう。すなわち、ここで自我は世界を我が物にしたと言える。自己同定の働きは、世界という他をも自己のうちに組み込みつつなされる。自我の核心にあるこの自己同定の働きが「同（le Même）」と呼ばれる（TI, p. 7／四七頁）。また、「同」は、今述べた「同」の働きによって私のものにされ、自我にいわば「同化」（レヴィナス自身は同化（assimilation）という表現を使うことは少なく、「他の同への還元」などと呼ぶことが多いが、簡単のためこう称する）されたものをも指す（TI, p. 17／六四頁）。この自己同定によって自らの存在を維持しようとする働きが自我の本質をなす「存在努力」である。

レヴィナスはその自己同定の進展、自己確立の過程を一歩一歩たどってゆく。その第一の段階が「享受（jouissance）」である。「享受」は「～によって生きること」ともいわれる（TI, p. 82／一九一頁）。私はパンによって生きたり、労働によって生きたりする。

われわれはわれわれの生存を保証する労働で生きる。しかしわれわれが労働で生きるのはまた、労働は生を充たす（楽しませたり、悲しませたりする）からである。（TI, p. 84／一九四頁）

享受とはこのように幸福を伴いつつパンや労働等によって生きることである。だからここでの労働は生という至上目的のための手段にとどまらない。むしろ幸福は生より優先されることがある。「幸福は存在に生じた偶然の事柄ではない。というのは存在は幸福のために自らを危険にさらすからである」（TI, p. 84／一九五頁）。生、存在することとは別の目的として幸福があり、幸福は単に生と別物であるばかりでなく、生に対して優先されることもあるのである。

享受は何かの目的のためになされる行動ではない。享受は幸福をもたらすものとして、いわばそれ自体が目的である。ハイデガーが目的的実践を人間の基本的あり方と考えたのに対して、レヴィナスは目的性なき行動である享受を人間のあり方の端緒に据える。私が目的的実践をなす場合でも、その実践自体に楽しみを覚え、実践が自己目的的な享受としての意味をもつようになることがある。「労働は生を充たす（楽しませたり、悲しませたりする）」のである。こういう享受を目的ということばで描きだすことは事象にふさわしくない。「享受することにおける充足は自我（Ego）の、同のエゴイズムあるいは自己性を告げている」（TI, p. 91／二〇六頁）。享受する自我は利己的な自我であり、幸福を求める自我である。

自我は享受から誕生するが、そこでは自我の実体性は存在するという動詞の主語としてではなく、幸福にかかわるものとして認知される。ここでの自我の実体性は存在論に属するのではなく、価値論に属する。（TI, pp. 91-92／二〇七頁）

自我の端緒が、幸福の欲求という価値論的なものに見て取られる。伝統的に哲学において価値は存在に比べて二次的なものとして位置づけられるのが常であったが、この価値論的なものをむしろ自我の端緒に見いだす。このことで倫理というこれも価値論的事象を、存在に基礎をもたない独自のものとして理解する糸口を見いだそうとする。存在論のことばで語られてきた自我を根底から価値論に基礎づけ、そのことで倫理を存在論に汚されない純粋な形で表現しようとする。こうしてレヴィナスは存在を一切の基盤と見なす存在論的な人間観を克服しようと意図する。

さて、享受は他なるものの享受であるが、その「他」とはまず享受されるパンであり、一種の「物」である。一方、ハイデガーでは物とのかかわりを考えるに当たっても、享受でなく実践的行為が端緒に置かれている。日々の物とのかかわりは私の何らかの目的を果たすための実践であり、物はその実践の中でその目的を果たすための道具として現れる。道具として人為的に作られたものに限らず、自然物なども含め、私は物を実践の道具として扱う。たしかにハイデガーが強調するように、道具としての物は、観察対象としての物と同じ意味では「対象」ではない。道具使用において物を観察対象として眺めるときのような意識的自覚的な物とのかかわりはなく、使用の最中、物は意識の中心から外れている。しかしやはり道具は「物」である。これに対してレヴィナスが注目するのは、享受において他は普通の意味では「物」とさえ言えない形で享受されるという点である。

私が入浴を楽しむとき、私が享受する湯は、何か世界のなかの対象として観察されたり評価されたりするものではない。私は――少なくとも入浴を楽しんでいるときは――体のどこが湯をどう感じているのかはっきり言うことはできない。体全体として湯に浸かり快感に浸っているのであって、体の各部分での感覚を観察しているのではない。この事情は実践において道具として現れる物とも異なる。私は風呂の湯に対して積極的な働きかけをなすこともなく、その中に浸かり、湯に身を委ねて快楽を得るだけである。ここでの湯は、人間に操作されたり、我が物にされたりしていない未規定的なものである。レヴィナスは、この種の「物」以前の物を「エレメント（élément）」という名で呼ぶ。エレメントは「支えなき純粋性質」（TI, p. 109／二三九頁）、「実体なしの性質」（TI, p. 108／二三七頁）である。湯を楽しむ私は、「湯という物を感じている」というより、「湯の熱さを直接感じている」という方がふさわしい。パンを享受する私は、パンの物としての存在を享受するのではない。パンは味や舌触りという性質へと解体されており、その性質を私は直接楽しむ。他であるエレメントはこうして物としての自存性もないまま享受される。

このようなエレメントの享受がなされるのは「感受性（sensibilité）」においてだという。知覚や一般の実践のように、「物」にかかわるのとは違って、エレメントの層での他とかかわるのがこの「感受性」である。「感受性は支えなき純粋性質と、エレメントと関係する。感受性は享受である」（TI, p. 109／二三九頁）。

喜びを伴わない感受性を「享受」とは言えないだろうから、「感受性は享受である」とまで言うのはおそらくレヴィナスの勇み足である。しかし「享受」が感受性の一例であるのは間違いない。享受されるのが「物」といえるような他であっても、その物は感受性においてはそのもつ性質のみが注目されるから、エレメントのレベルのものと同等のものとしてしか与えられない。パンをその味と舌触りでしか注目しない感受性にとって、パンは「物」であってもエレメントに解体されているに等しいのである。

さて、レヴィナスはパンと並んで労働を享受されるものの例として挙げていた。労働を享受の観点から見直すというこの論議は、ハイデガーの実践に関する論議をレヴィナスの哲学のなかに位置づけるという大きな意義を担っているから、単なる思いつきの例ではないはずである。しかし、「労働を享受」するという場合、享受される「労働」はパンなどと同じ意味で「他」であろうか。また、享受が感受性の一例であり、感受性がエレメントにかかわるものだというなら、労働においてもエレメントが語れるのであろうか。

そもそも労働を享受する、とはどういうことか。もちろん、それは労働の対価や労働の対価で購入したものを享受することではない。では何を享受しているのか。

この点に関してレヴィナス自身の明瞭な論証はないが、彼が労働において「肉体的動作(gestes matériels)」(TI, p. 106／二三五頁)を享受するという例を挙げているのを手がかりに次のように考えることができよう。私の本来の目的は、例えばレンガを積んで壁を作ることにある。しかし私はレンガをリズムよく次々と積み上げるそのリズムに乗った肉体的動作そのものを、スポーツやダンスを楽しむように楽しむことがある。体を適度に動かす心地よい疲労を楽しむこともある。このとき私が「労働を享受している」といっても、通常の表現として違和感はない。ただし、正確にはこのとき、私は「労働」という目的ある動作の複合体それ自身を享受しているのとは異なり、その副産物である身体運動において生まれる快感を楽しんでいる。体のなかに生まれる心地よいリズム感、心地よい疲れ、それらのものは「物」として外にあるものではない。それはたしかに私の体に生じたものであるから、ふつうの意味では「他」ではない。しかし「物」として私の体のある場所に位置づけられる性格のものでもない。身体は意図的労働においてはたしかに物（対象化されるものではないが）として現れ、「同化」されて私になっている。しかし今、心地よい疲れが生じているのは、労働において手段として使用されているかぎりでの身体ではなく、そこに巻き込まれつつも、必ずしもその側面にすべて汲み尽くされてしまわないかぎりでの身体である。そもそも労働が目指している壁を作るという目的にとって、リズム感の快さは何の意味もない。しかしまさに感受性は私の身体をそのような快感の座という側面において眺めることで、「物」性を解体してしまう。それはパンの享受がパンという物をその性質において見ることで性質の集積へと解体したのと同じである。こうして、リズム感を味わっている感受性に与えられるかぎりにおいて、私の身体はもはや「物」であるというより、不定形の快感の座、エレメントでしかない。また、「物」性を失った身体は、その外と明確に区別できるものではなくなる。これは享受される湯が私との区別を失ったのと逆の方向から同様の私性の喪失が起こったのである。このとき、身体は私の掌握（次に述べる「所有」）を逃れて「他」となる。「労働を享受する」とは、正確には労働における身体感覚を享受するということであり、そう理解できるかぎりではレヴィナスの「享受」概念を逸脱しない。

さて、物に先立つエレメントがあるというなら、それと通常の物との違いはどこで生じたのか。享受は他の同への取り込みであった。他の同化をレヴィナスは「所有（possession）」と呼ぶ。物とエレメントとの差に、この「所有」がかかわっている。所有は同の本質をなす。

3　所有と労働

所有の可能性とは最初だけ他であるもの、私に対して他であるものの他性そのものを中断することである。この所有の可能性が同のあり方である。（TI, p. 8／四八頁）

しかし享受において所有は「獲得物（acquisition）なき所有」（TI, p. 131／二七九頁）だという。享受は他から幸福を引きだし、その意味で他を我が物とする。しかしその享受は決して安定や永続を保証されない、その場限りのものである。風呂の湯を享受する私は、湯が熱い間は享受していられるが、その熱さは——享受しているかぎりでの——私がコントロールしているものではない。享受する私は享受が可能だということを全く他に依存している。「享受の幸福は〔…〕幸運な出会い、幸運」（TI, pp. 117-118／二五五頁）でしかなく、いつ断ち切られるかもしれない不安定なものである。享受される他は確たる「獲得物」

として私の手中にとどまって将来も私に幸福を与えてくれるものではない。それどころか享受する私はその生自体をあなた任せにしている（TI, p. 138／二九〇頁）。

労働は、享受のこのような不安定さを克服し、狭い意味での「所有」を、すなわち私の手元に持続的な獲得物を残す所有を可能にする。あなた任せの享受の克服は、労働し（狭義の）所有をする私によって実現される。私は果実を探して摘んできて、未来の享受のために、あるいは将来の生の安定のために蓄える（TI, p. 135／二八五頁）。こうして、労働と所有によって他はいわば飼いならされて同として手元に残る。なおこの場合、労働は労働以外のものを目的とする実践的行為であり、それ自体を目的とする享受とは対照的である。

通常の「物」はこういう労働の産物として成立したものとされる。もちろん、客観的に考えるなら、享受する私の眼前にも同じように物があったはずである。パンは物として享受する私に差し出されていた。しかし享受する私にとっては、たまたま私に今、快楽を与えてくれる性質だけが重要である。享受する私は過去も未来も知らず、快楽を与えてくれる性質の背後に客観的に恒常性をもつ物体があっても、それが恒常的だということさえ知ることがないだろう。労働する私が、実践における諸目的をこの世界にもちこみ、そこで恒常的な存在としての物が、〈私が焼き上げ、店頭で売るためのパン〉、〈畑を耕すための道具〉というような何かの意味をもって私の眼前に現れてくる。つまりこのように「物」は私のあり方に相関して成立するのである。「物」とは、もともとそのものが備えている存在の仕方ではない。労働とそれに基づく（狭義の）所有は、「同」の第二段階[2]であり、世界のうちに住み込んで自己を確立するという同の基本性格がより徹底化されたものだと言えよう。「同の自己同定、それは空虚な同語反復ではなく〔…〕エゴイズムという具体的なものである」(TI, p. 8／四九頁)。自己同定とは他人など気にかけない利己的なものである。同の傾向性に沿って、私は自己を安定化し確立する。その極点が労働という他への働きかけである。

享受から労働へという同の展開において、どの段階でも自己の幸福、自己の安定という価値論的なものが主導的な地位を占めている。これは先に述べたように、価値論的なものを二次的な地位から一次的なものに昇格させようという意図にもとづいており、倫理という価値論的なものを導入するための下準備でもある。享受、労働という二つの段階において自己は利己的な自己である。ハイデガーが道具を使った実践という、事象としてはレヴィナスのいう労働に対応するものを中心に据えて分析した際に、この利己性が取り立てて注目されることはなかった。しかしレヴィナスによれば、まさに労働は同の利己性によって貫かれている。この点を浮き彫りにするために彼は、労働に先立つ享受から説き起こし、自己確立を目指す同の展開を示そうとしたのである。

だが、事象としてほぼ同じものを視野に置いているとはいえ、レヴィナスの労働はハイデガーの道具を使った実践とは相当位置づけが異なっている。ハイデガーの道具的実践は、それだけで物に道具としての意味を与えることができる。道具的実践をめぐって初めて世界が組織され、意味がそこから生じてくる。それに対してレヴィナスの労働は享受から完全に自立してはおらず、独立して物に意味付与できるものではないと言う。その理由について見ていこう。

ハイデガーの理解では、実践はそれ自体が目的ではなく、何かの目的をもつ。実践はその目的のための手段である。したがって道具的実践のなかで例えば物が何かの道具としての意味を与えられる——ハイデガーはそう理解するわけだが——としても、その意味の源泉をたどれば実践がそのための手段である当の目的に行き着く。目的はそれ自身が目的ではなく、何か別の目的のための中間的目的であることもあり、その場合それを手段とする、より高次の目的を指し示すことになる。しかし、その目的の連なりは最終的には最終目的、すなわちそれ自身が目的であるものに行き着くはずである。「実践的意味は自ら自身の目的であるような終着点から借用されたものである」（TI, p. 67／一六四頁）。それ自身が目的でありうるのは享受であった。「享受とは〔…〕終着点であって、もろもろの存在はその終着点へと至る道にあるか、そこから離れていくかという、その終着点との関係で手段という意味を得たり失ったりする」（同所）。しかしながら、

手段それ自身は最後には意味を失ってしまう。目的は達成されるやいなや無意識の中に沈み込む。無意識化した満足は無知であり、この無知がそれ自身まどろんでいるのに、〔…〕この無知が物の意味を照らし出すなどと、いかなる権利において言えるのか。（同所）

実践的意味は目的である享受達成までのいわば「暫定的意味」であり、達成まではそのために努力をし、外へ向かっていた実践者の意識も、達成されれば満足のうちに自足し、外へ向かおうとする意欲を失う。つまり意識自体が動機を失って解消してしまう。このようなものでしかない実践者の意識が、果たしてそれだけで実践的意味を与えることができるのか、レヴィナスは疑う。

実践的意味は意味の根源的な領域なのだろうか。実践的意味は思惟の現前に依存していて、思惟に対して現れ、思惟の観点からこの意味を獲得するのではないだろうか。(TI, p. 67／一六三頁)

実践より思惟が意味の源泉だという。これに対してハイデガーは、従来、観察、思惟の領域に与えられていた意味源泉としての独占的地位を奪い、むしろ実践の領域を第一の意味源泉に昇格させていた。レヴィナスも実践が意味を与える役割を果たすこと自体を否定しているとは考えられない(後で(第五章3)別の論点もふまえてこの点を検討し直す)。普通に考えれば、思惟というような反省的契機が介在しなくても、実践が意味的な行為として意味に導かれることは否定しがたい。しかしレヴィナスの立場からすれば、実践が与える意味はあくまで暫定的一時的な意味に過ぎない。少なくともハイデガーのように、実践が自立して一つの確たる意味を与えるとは考えていない。そういう意味は思惟の助けを得て初めて成立するというのである。

ここの論議だけでは、「暫定的意味」である実践的意味が何を指すかは不明瞭である。その一因は「暫定的意味」が対比される相手である、いわば「本来の」意味がどういうものとして想定されているのかが明瞭でないからである。論議を先取りすることになるが、レヴィナスが実践の「暫定的意味」に対立する、いわば「本来の」意味として念頭に置いているのは、人々の間で共有される言語化された意味である（先の引用にある意味源泉としての「思惟」も孤独な思惟ではなく、人々の言語的交渉のなかで実現された思惟である）。意味の源泉は実践でなく言語である。「発言（discours）が意味を創設する」（TI, p. 179／三六二頁）。実践的意味が意味の根源的な領域とは言えないという先の引用の中の主張について、レヴィナス自身がはっきりとした論拠を挙げることはない。しかしレヴィナスの側に立てば次のように考えられるだろう。

伝統的な言語観によれば、理性が世界のうちにあらかじめある区分を見て取り、それを概念として取り出し、他者へと伝達するために言語という衣をまとわせるだけだと見なされてきた。言語は単なる表現形式であり、世界の区分（「分節化」）に何も積極的な役割は果たしていないと。これに対してレヴィナスは言う。

とりわけ、誰よりも見事にメルロ＝ポンティが示したように、思惟が受肉(3)しておらず、ことば（parole）を語る以前にそれを考えるとか、思惟がことばの世界を構成し、それを世界に付け加えるというのは〔…〕神話である。思惟とはすでに記号の体系を刻んで、すなわちある民族ないし文化のもつ言語（langue）を刻んで〔思惟内容を〕彫りだすことであり、この働きそのものから思惟は意味を受け取るのである。（TI, p. 180／三六四―三六五頁）

世界の分節化がこのように言語によるものであり、その言語が文化的産物であるなら、私が自らの個人的な実践からくみ取った意味だけで世界の分節化を成し遂げ、世界に意味を与えていると考えるのは誇大妄想であろう。少なくとも私の実践だけでは、私の暮らしているこの世界の意味の源泉として十分ではない。

むしろこういうことも言えるだろう。私が今行なっているこのレンガ積みという実践も、自分で考案した作業ではない。先人が考案し、代々受け継がれてきた作業を、私も親方からことばを使って教わって身に付けたのである。壁が何のためのものであるかを理解し、目の前のレンガを壁の材料と見ることができるのも、文化的に習得してきた知識に基づく。この習得なしで実践は不可能だったはずである。それゆえ、私の実践がそれだけで実践的意味を作り出したわけではなく、逆に私の実践が言語や文化の産物である。意味の源泉は、むしろ言語、文化の方に求められるべきであろう。レヴィナス自身、「労働はすでに発言を必要としている」（TI, p. 89／一〇三頁）と述べている。

たとえレンガ建築の最初の考案者であったとしても、すべてを自分一人で始めたわけではない。彼の発明もまた、文化の中で建築に関するさまざまな伝統に支えられて可能になったのに違いない。建築という実践や壁というものの意味は彼の創始によるものではない。あるいは、反論が返されるかもしれない。「ひとが実践を創始したから意味も生まれたのであって、それを文化が意味を生んだかのごとく言うのは詭弁である」と。これが仮に正しいとしよう。しかしその場合でも、実はレヴィナスの中心的論議に大きな傷を残すものとは考えられないのである。

今後の論議を先取りすることになるが、学や思惟が倫理を前提しているという主張が彼の論議全体のかなめ石なのである。そのため、知的な領域における意味も、倫理を前提して成立していることを示す必要がある。労働や享受という倫理以前の利己的な同の範囲において意味に類したものが成立するとしても、それが直ちに学の領域の意味につながるわけではなく、両領域の意味の間には溝が厳存するということを示さねばならない。両領域を隔てる溝の存在とその深さを示すことができれば（この点は後で（第五章3）検討する）、労働、実践の中で意味が成立するとしても大きな問題には発展しない。〈実践は言語を前提する〉という論議は、実は後出の〈学は言語を前提する〉という論議を応用したものだといえる。そして学と言語の前提関係は、〈学は倫理を前提する〉という主張を証明するための論拠になっているのである。

同の自己中心的傾向性は労働で極に達する。ところがここで、顔との遭遇によって場面は決定的に変化する。自己確立を果たしてきた自己中心的な私は、顔によってその自己中心性を批判される。私は労働の成果として所有している食物を独り占めするのではなく、目の前の飢えた異邦人に分け与えるよう迫られる。しかも無限責任まで含む苛烈な要求を顔は提示する。顔はこのように同の傾向性に徹底的に逆らう形で現れる。

4　顔と他

これは享受や労働において見た他のあり方とは大きく異なる。享受も労働も他にかかわり、他を同化することであった。どちらも広い意味で「所有」（狭義の所有は獲得物を手元に残す労働における所有）される。すなわち「所有の可能性とは最初だけ他であるもの、私に対して他であるものの他性そのものを中断することである。この所有の可能性が同のあり方である」（前掲、TI, p. 8／四八頁）。所有されて他は同になる。しかしながら「顔は所有に、私の権力に身を委ねることを拒む」（TI, p. 172／三五〇頁）。顔は私がその他者を所有することを、すなわち（顔という）他を利己的な観点から利用し、我が物とすることを批判する。

なお、ここで顔は「他」だという表現――この箇所以外にも、同様の表現は散見される――について説明を加えておかねばならない。第一章1で行なった顔の「暫定的定義」において、私は顔を「道徳的対応を求めるものとしての他者の、対面の場での現出」と定義した。この定義によれば顔は他者の現れ方の一様態である。だとすれば、所有を拒絶するという意味で「他」なるものとは他者であり、現れ方のひとつである顔を「他」なるものとするのは不正確である[4]。

だが、他者がつねに他性を感じさせるわけでもない。顔を感じさせるときの他者が、顔によって、所有を拒む他性をもって現れてくるのである。「顔の他性」を語るときレヴィナスは、「顔を感じさせる他者の他性」の意味でこのことばを使っていると理解すればよいだろう。

さて、顔が（正確には「顔を感じさせる他人が」）所有を拒むという点に戻ろう。これは他人を所有することができないということではない。他人を所有すること、それは物を所有する場合と同様、他人を自分の目的のために利用することであろう。それは当然可能である。しかしもし私が今他人を自己の目的のために利用しており、他人がそれに憤って私に怒りのまなざしを向けたなら、私はそこに顔を感じるかもしれない。その時、私は他者が本来私のものにすべきではないことを知る。他者が物のようにおとなしく我が物になり切るものではないことを知る。どれほど私が厚顔無恥で、他者を牛馬のごとく使役することに慣れていたとしても、顔はあるとき突然出現するかもしれない。顔の現れに理由がないというレヴィナスの考えを先に確認したが、そうであるなら、私がどれほど酷薄で、顔など一度も感じたことがなくても、将来にわたって顔を感じないとは言い切れないことになる。顔の現出の可能性をぬぐえないかぎり、私は表面的には他者を所有していても、完全に彼を同のうちに取り込んでしまったわけでない。その意味で他者は物などの他とは他性の程度が異なる。この意味で「絶対的に他なるもの、それが他人である」（TI, p. 9／五〇頁）と言われる。

所有すべきでない他者は、所有できるものである。そもそも所有できないなら「所有すべからず」という顔の訴え自体がナンセンスなものとなる。倫理的禁止は、禁止される事柄が私の意志次第で遂行できるという可能性を前提しているからである。他者は所有できるが、所有してはいけないものである。顔が私の他者所有を批判するため、他者は所有に甘んじないものなのである。

顔は私が他者を所有することを批判するだけではない。「他人として認知することは飢えを認めることである。他人として認知することは他人に与えることである」（TI, p. 48／一二三頁）。他者が飢えているとき、私はのうのうと自らの所有するパンを独り占めしていてはいけない。「他人の現前とは私が喜びに満ちて世界を所有することを問題視することに等しい」（同所）。私はパンを眼前の他人に分け与えねばならない。

5　絶対他の条件

ただし、私が物や他者自身を「所有」することを顔が批判するというだけでは、他者がその点で「物より他」だと言えても、レヴィナスのように「絶対他」と呼ぶのに十分とは言えない。

たしかに顔の現れは私の自己保存を妨げることがある。前述のパンの分与は同を阻害する行為であろう。しかし食べきれないパンを分け与えるだけなら、そしてそうするだけで他が同を放免してくれるものなら、お安い買い物である。いささかの妥協をすれば、私は同の試みを心置きなく継続できる。この場合、顔が同の傾向性に逆らって尊重を求める他人は、物よりは「他」だと言うことはできても、ある意味で牙を抜かれた「他」であり、「絶対他」とは言いにくい。「絶対他」は同を妥協なく批判するものでなければならない。

では、その「絶対他」とはより詳しく言えばどういうものか。他人の具体的な現れにおいて、そういう「絶対他」が感じられることがあるのか。それは顔が「無限責任」を迫るときの他者の現れであろう。無限責任はその極限においては私に他者の身代わりの死さえ求めるものであった。身代わりの死は同の自己保存の傾向性の完全な否定である。それぱかりではない。無限責任とは、ある責任を果たしてもそれで私は許されず、さらにより大きな責任が課されるというものであった。つまり、無限責任が示唆するところでは、同が顔の言い分を聞いて他人のためにいくらか妥協をすればそれで顔はおとなしくなるというものではないのだ。他との妥協は――無限責任の極限においてだけでなく――その責任増大の過程のどこにおいても成立しないのである。顔に誠実に耳を傾けるなら、どこまで責任を果たしても切りがない。どこまで求めれば済むのか、勘弁してくれ、というのが正直な私の気持ちであろう。ここでは他との間には妥協が成立せず、だからこそ、できることなら私は他者を同化しておとなしくさせたいという切実な願望をもつ。しかしその願望は充たされず、ますます顔は図に乗るかのように大きな要求を課す。その増大する要求に比例して、他者を同化することでその要求を鎮めたいという私の願望もますます切実なものになる。正しき人ほど、他者の過大な要求に曝され、無制限に責任を課す他者の恐ろしさに気付く。こういう事情であって初めて、掛け値なしに「絶対他」と言うことができるであろう。所有を拒むという先の条件だけでは「絶対他」の定義として不十分である。

ちなみに、〈顔が課す要求を鎮めたい〉という私の充たされないまま増大していく願望は、行き着く果てに殺人願望になることがある。同化しようとしてできない他者。顔の要求を鎮めるという切望を充たすためには、もはや他者をこの世から消し去るしかない。「他人とは私が殺したいと望みうる唯一のものである」(TI, p. 173／三五一頁)。鎮めえない倫理的要求を課すがゆえに、他者は私にとって悩みの種であり、そこから逆説的にも、私は他者の殺害を望みもするのである。しかし「殺すことは支配することではなく、無化することである」(TI, p. 172／同頁)。つまり所有というような同化ではなく、別の仕方でしか、この顔の要求を抑えることはできないのである。

顔を感じさせる他人が「絶対他」と言えるための条件としては次のような点も見落とせない。もし顔を感じさせる他人が「同」に基づいているものなら、いくら「所有」等の手段で同化できないといっても「他」性は表面的なものであり、「絶対他」とはとても言えない。この点にかかわるのが先述の顔の「裸出性」(第一章1)である。「顔」(正確には、顔を感じさせる他人の他性）は客観的条件に基礎を置かない。一方、客観的条件は認識可能なものであり、レヴィナスの考えでは「同」と見なしうる。ということは客観的条件に基礎を置くかぎり、他人の他性は「絶対他」などとは言えまい。顔の裸出性という規定は、こういう形で他人が絶対他と言える条件の一つである。

6　「絶対他」のもう一つの定義

今まで見てきた絶対他の規定は現象学的側面からの実質的道徳的規定といえよう（「現象学的道徳的規定」と呼ぶことにする）。また、（他人の）「超越は〔…〕積極的には殺人という暴力に対する顔の道徳的抵抗のうちに現れる」（TI, p. 201／四〇三頁）という規定も、同様に他者の絶対他性を道徳的に規定するものである。

ところが、こういう現象学的道徳的規定とは傾向の異なる「絶対他」規定が見受けられる。レヴィナスが「形而上学」と呼ぶ観点からの規定である（以下では「形而上学的規定」と仮称する）。レヴィナスの言う「形而上学」とは同の働きの中で形成されて、いわば形ある「物」になったものを越えて、同に尽くされない他を思考する学問のことである[5]。レヴィナスは「形而上学」の名のもとに同、他というような抽象的概念を中心に他性を一種体系的に論ずる思弁的色彩の濃い論議を随所で展開している。

私のうちにある他の観念を越えつつ他が現れる仕方をわれわれはつまり顔と呼んでいるのである。(TI, p. 21／七二頁)

われわれは先に事象的な側面に重点を置いて顔を暫定的に定義した(「現象学的道徳的規定」)が、レヴィナス自身の公式的定義は、この高度に思弁的な「形而上学的」規定である。この引用の「他(Autre)」は絶対他のことであるから、絶対他の他性もここで規定されている。この引用の意味を考えていこう。

この引用に二回出てくる「他」は具体的には他人のことである。顔が現れているとき、私は明瞭に規定された概念によって他人を認識しているのではなくても、他人について何らかの形で意識している。つまり他人についての意識内容、すなわち他人の観念を抱いている。しかしレヴィナスによれば一般の認識は認識対象の同化であるのに対して、今の場合、他人の観念を抱いていても他人を私のうちに取り込んで同化したということではないという。

この事態を説明するのに、レヴィナスはデカルトの「無限」についての論議をたとえとしてもちだす。デカルトは『省察』(Descartes 1641)(第三省察)において意識としての私の存在証明の後で、それに基づいて、神の存在証明を企てる。彼はまず、私の意識のうちにある神以外の諸観念と神の観念の差に注意を向ける。前者は有限なものの観念だが、後者は無限なものの観念である。ところでそれらの観念を抱く私は有限である。私のなかにある有限なものの観念については同じ有限なものである私の意識内で生みだされたと考えても矛盾はない。しかし無限である神観念が有限な私の意識内で生みだされたものと理解することはできないという。ではそれはどうして私の意識内にあるのかというと、創造主である神自身が私の意識のうちに植え付けたからだと考えざるをえないという。有限である私の意識の中に、無限である神が、その観念という形で存在している。そしてデカルトはこの点から逆に神の存在を示そうとする。

レヴィナスはデカルトの神証明を受容するわけではないが、デカルトの「無限」の神観念になぞらえて他者の他性を説明する。先の引用（「私のうちにある他の観念を越えつつ他が現れる仕方をわれわれはつまり顔と呼んでいる」）では、他者の他性が無限というあり方で表されており、そのような事象が「顔」だという。

> デカルトの無限の観念は、そのものを考える者に対して完全な外在性が保たれるような存在との関係を表している。（TI, pp. 20-21／七〇―七一頁）

> 無限の観念は観念されたもの（ideatum）が観念を越える（dépasser）という点で例外的である。（TI, p. 19／六八頁）

「無限」が他者になぞらえられているので、「観念されたものが観念を越える」というのは、他者そのものが他者についての観念を越えるということである。この「超過」に他者の絶対的な他性が見てとられているのである。

先に絶対他の他性の「現象学的道徳的規定」の名のもとで見たのも、同を超過する例である。そこで見たのは専ら現実の倫理実践の場であらわになる絶対他であり、超過が所有拒絶という明確な倫理的意味をもっていた。しかしふつうの意味で「倫理的」と言えるそのような事例以外に、レヴィナスは知や学問の場でも絶対他を論じている。そこでは「同」ないしその超過としての「他」は、倫理実践の場でのそれらほど明確な倫理的意味を帯びることはない。しかしレヴィナスはここでも「同」、「他」の枠組みで論議を展開しようとする。一般に、ある事象から汲み取ったモデルをほかの事象にも適用できるようにするためには元のモデル（倫理事象から汲み取った「同」、「他」等の諸概念）はいくぶんか実質（具体的倫理性）を薄めざるをえず、その分形式的な概念とならざるをえない（外延が拡がると内包は乏しくなる）。一方、別の事象（倫理事象）に基づく枠組みをもちこんで展開される事象（知、学問）の論議は、勢い抽象的、思弁的なものとなる。しかしながらレヴィナスは普遍化されたこの形而上学的規定の方を、その普遍性ゆえに公式的規定と位置づける。こうして、知や学問の面では、絶対他は形而上学的に規定されることとなる。

なお、「同」概念の拡張の結果、この概念は非常に包括的に多くの人間行動をカバーすることとなり、多義性を免れない。他者の観念に対する超過は、具体的にはそれらの同の方向性に逆行するものとして規定される。したがって同の方向性が具体的なあり方において多様であると、それに応じて他が同を超過する仕方も多様にならざるをえない。

以下では認識や学問の面における絶対他の超過のあり方を検討するが、当然そこでも絶対他の多義性に行き当たる。そのうち重要なもの四つだけに絞って検討する（以下①〜④）。

①レヴィナスはフッサールの基本的枠組み自体を批判の対象にする。他者の観念超過は、フッサールの現象学的還元という基本的方法に対する批判の意味をもつ。第一の他者の観念超過は、現象学的還元によって「同化」されてしまうことがないほど他だという意味である。

デカルトの無限の観念のたとえからも窺えるように、レヴィナスは無限の観念の分析において、他人の観念の外来性、私の受容性（TI, p. 22／七三頁）を示唆している。もちろん、一般の観念のなかにも外界から、知覚を経た受容によって私の意識内に形成されたものも多い。しかしながらデカルトの言うように、これらの一般的諸観念は、私の意識自体が形成したものと考えても矛盾はない。私は今、家の窓から隣家の庭にユリの花が咲いているのを見ている――と思っている――が、実はそれは夢であるかもしれない。それが夢なら私の意識内のユリの花の観念は外から受け取ったというより私が形成したものである。もし私の生涯がすべて夢だったなら、私の中に見いだされる観念はすべて、私の産物だといえる。このように、外の実在物を表す観念でさえ、必ずしも外に由来するものと理解する必要はない。だから観念の表す意識対象（ユリの花）を外の実在と切り離して考えることができる。フッサールはこのように考えたデカルトにならい、外の世界の実在をカッコに入れる（「現象学的還元」）。このような還元を被ると、ユリの花の観念もユリの花という意識対象をもつが、この意識対象は実在するユリの花と関係なく考えることができる。レヴィナスはこのような現象学的還元によって外的なものから切り離せるものなら「観念を越える」何かを表すとは見なさない。この種のものは還元によって「同化可能」なものでしかない。一方、先の引用では、他人の観念は現象学的還元によって私の意識の外なるものから切り離すことができないというのである。他人がこのような、あくまで同化できない他であるなら、「絶対他」と呼んでもいいだろう。

ここで現象学的還元を「同化」と見るか否かは、ある意味では定義の問題である。特に矛盾がなければ、同化と見なすこと自体の可否を問うても仕方がない。問題はむしろ次の点にある。フッサールは現象学的還元をすべての意識対象に及ぼしうる普遍的なものと見なすが、レヴィナスは（顔を感じさせている）他人については現象学的還元を受け入れないという。問題とすべきは、どうしてそういう例外が可能なのか、他人がどうしてそういうものだと言えるのかという点である。この点は次章以下で詳しく問うこととして、次に移りたい。

②無限による無限の観念の超過の第二の意味も、同じくフッサールの基本的枠組みにかかわる。

「形而上学的な他は〔…〕同への抵抗からなる他性をもつのでもなく、あらゆるイニシアティヴに、同のあらゆる帝国主義に先行する他性をもつ」（TI, p. 9／五〇頁）。

ここで「イニシアティヴ」をとるのは私である。私のイニシアティヴによって成立したものなら、掛け値なしの「他」と言えはしない。「絶対他」なら私のかかわりによらずに成立したものでなければなるまい。

私のイニシアティヴの有無が問題になるのは、具体的にはフッサール批判との連関において、「意味付与」の概念を巡ってである。フッサールによれば、私に対して現れてくるすべては私の意識の相関者である。意識対象の意味は主観の意味付与（Sinngebung）によって成立する。しかし意味付与は主体の作用である。もちろん、恣意的にどんな意味でも与えられるというのではない（そういう面での主体のイニシアティヴはない）。しかしレヴィナスの見るところでは（フッサールにとって）「意識とは区別された意識対象は意識によって貸し与えられた「意味」として、意味付与の結果として、ほとんど意識の産物のようなものである」（TI, p. 96／二一七頁）。そう言えるなら、この面では主体のイニシアティヴを語っても不当ではない（少なくともレヴィナスはそう考える）。私が意識対象に意味を与えたのであるかぎり、私の手の加わった意識対象はある意味で「私の物」である。あるいは、少なくとも「絶対他」とは言えない。絶対他を厳格に考えようとするレヴィナスは、意味付与される意識対象も「同化」されたものと見なす。

意味付与のなかにはどういう意味を付与するかを私の意志によって左右できないものも含まれる。だから意味付与によって成立した意味や意味付与された意識対象すべてを私のもの、「同」と言うことにためらいを感じても不思議ではない。しかしながら先にも述べたように、どこまでを「同」と呼ぶのか、どこまでを「同化」と見なすのかという点は、定義の問題で恣意的に決められるものだとも言える。だからレヴィナスのように私の働きが加わっている範囲すべてを同と呼んでもよかろう。だが、同はあくまでも他との対比で同なのだから、同と言えないものが残らないようでは「同」ということばに意味がなくなる。したがって、意味付与の及ばない範囲がなければならない。しかしフッサールの立場からは、意味付与による意味成立の例外があるはずなどない。こうして問題は意味付与による意味成立というう、フッサールが普遍的と見なした意味成立の図式を逸脱するような意味成立があるのかどうかという点にかかわってくる。

レヴィナスは何か意味付与図式を逃れるものがあると言っているだろうか。「他人の意味は意味付与という私のイニシアティヴに先行している」(TI, p. 269/五二四―五二五頁)。「他人」が「絶対他」であるから、結局、他人の意味は意味付与によらないものだというこの主張の当否に、意味付与は他の同化だという主張の可否がかかっていることになる。道徳的側面からの他者の「絶対他」としての規定と、形而上学的側面からのそれとの関係についても、他人の意味についてのこの主張の当否を見なければ明らかになるまい。

他者の観念超過の第一の意味を見たときと同じところに到達した。この二つの意味においては、ともにフッサールの超越論的哲学の枠組みを越える――第一の意味では「現象学的還元」を、第二の意味では「意味付与」を――ということが、絶対他であることの基準にもなっている。フッサールが普遍的なものと主張する彼の枠組みをいかに越えることができるかに、他者による他者の観念の超過という主張の正否がかかってくる。

③フッサールの枠組みに対する批判とは別の観点から「超過」を理解することもできる。

レヴィナスは認識も同の働きと見なすが、ここで第三の「他者の観念超過」が見られる。レヴィナスは認識における概念の働きに注目する。具体的に考えてみよう。散歩している私の前に茶色の薄片が落ちてきた。それは知覚的に与えられたある個別的なもの、ほかの物とは違った唯一の存在者である。それを「枯葉」と理解するとき、私は「枯葉」という普遍的な概念を使って、この唯一特殊な物体を普遍性の下に組み込む。レヴィナスは「認識」という語でこのような普遍概念を使った私の対象理解を考えている。そして彼は普遍概念が「（唯一実在するものである）個物」（TI, p. 14／六〇頁）と私を媒介する「私が私のうちに見いだす第三項」（同所。傍点は佐藤）だと言う。「枯葉」という普遍概念はあらかじめ私のうちにあって、他なる眼前の個物の規定に利用されるからである。こうして認識とは、他なる個別的な存在者のうちに同と共通の普遍的な要素を見いだして、それを私の思考のうちに取り込むことだと言える。「物に関して言えば、概念化において物の降伏は完了する」（同所）。こういう点に着目して、レヴィナスは認識も他の同化だとする。

この種の「同化」についても、先に意味付与を同化と見なしてよいかを論じた際の論議と類似の論議が成り立つ。認識が概念化を必然的に伴うということで認識は「同化」だと述べることは、専らことばだけの問題であり、そう呼ぶのは自由である。ただし少なくとも「同化」が意味のある概念であるためには、認識も含め、労働、享受等、他とのかかわりのすべてが一般に「同化」と言えるようであってはならない。認識という領域の中、あるいは別の領域に、同化できないと言えるものがなければならない。それがあって初めて、それとの対比で同化も同も意味をもってくる。レヴィナスによれば、そういう同化できないものはたしかにあり、ほかならぬ認識の領域に現れてくる。それが他者である。

客観的認識が超越との究極の関係であり、他人は――たとえ物とは違うものであっても――客観的に認識されねばならないものである〔…〕というのは、あらゆる哲学が共有する抜き難い確信である。われわれの述べていることばはすべて、ただこの確信に対する抗議を意図している。（TI, p. 62／一五四―一五五頁。なお、ここで言う「超越」とは私がそれへとかかわる他なるもののことである）

常識的には、物についてはそれを認識することでその物を真にとらえたことになるし、学問はそういう認識を求めるべきとされている。しかしレヴィナスによれば他者については認識という手段でとらえるのはふさわしくない。ただ、「認識」と言っても一般的には広い意味で使われるが、レヴィナスの言う「認識」とは一般概念の下に包摂することである。したがって彼によれば他者を認識するとは他者を一般概念によって規定することである。なお、右の引用に「客観的認識」とあることが示しているように、レヴィナスが「あらゆる哲学」の理想だったとする認識のあり方は、一般概念を使用して客観的に認識することである。主観的な認識は認識の名に値しないし、真実を与えるものでもないと見なされてきた。

レヴィナス自身は客観的で一般概念による認識が他者にふさわしくない理由を直接明瞭な形で示しているわけではない（彼にはよくあることだが）。しかし今まで他者について述べたところから、その理由はおのずと明らかである。

認識の前記二つの特徴のうち、まず客観性に注目して理由を検討しよう。他者の尊さを告げるのは顔であるが、他者が顔を感じさせつつ現れてくるのは、眼前の他者のもつ何か客観的な条件に基づいてのことではなかった。「顔はその諸性質によってではなく、自己に即して自らを表出する」（TI, p. 21／七二頁）。他者が私より尊い理由も、私が彼に責任を負う理由も、認識対象とされた他者の客観的性質のうちに客観的根拠を示せるものではない。だとすれば、「認識」という態度をとるかぎり、他者は顔を感じさせつつ現れてはこない。認識的に他者にかかわる態度をやめ、私の「選び」、自他の非対称性を受容する態度をとらないと、顔を感じさせる他者、すなわち他者の真の姿は現れてこない。つまり他者が認識にふさわしくないのは、「選び」の根拠の認識不可能性に由来する。

次に、認識が一般概念のもとへの包摂であるという特徴に注目して、他者に認識がふさわしくない理由を検討しよう。ここでも「選び」が重要な意義をもつ。私は「選び」によって、ほかの誰も負っていない責任を負わされた。自他非対称性は「選び」に基づく。また、その選びを告げる顔は、この眼前の他者だけを責任を負うべき相手として指定する。この意味で、いわば――レヴィナスはそういう言い方はしないが――この他者も選ばれた者なのである。こういう私についても他者についても「私一般」、「他者一般」が語れるものではない。選びがこの私とこの他者とを、ほかの「私」（すなわちほかの主体）、ほかの「他者」と同列に語れないものにしたのである（だから今まで「私」、「他者」と語ってきたのは、この点に関して不正確な表現である。レヴィナスが語る「私」はレヴィナス自身であり、誰にでも当てはまる「私」ではない。筆者がレヴィナスと同じように顔を感じたとしても、私一般が顔を感じるということではなく、不思議な偶然でこの私も選ばれているからなのである。他者についても、顔が現れるのは今のこの他者においてであって、ほかの他者には感じられないかもしれないし、この他者にもしばらくのちには感じられないかもしれない）。しかも、レヴィナスによれば、この特異性こそがこの私とこの他者の本質をなしてそれぞれをそのものたらしめている個別性の源泉である。「私」、「他者」という一般概念を使って語ることは、この一般化できない特異性を無視すること、自他非対称性がこの私とこの他者とに非本質的なものと位置づけることである[6]。前章で「歴史の裁き」が「個別性への侮辱」であるということを見たが、それはまさにこの自他の個別性を「歴史の裁き」が斟酌できないということであった（第二章2）。

　他者が認識にふさわしくない理由はこのように理解できる。だとすれば、ここに他者が他者に関して抱かれる観念を越える第三の理由が見出せる。他者を認識しようとすると客観化された一般概念によってとらえることになるが、こういう概念で他者は汲み尽くされないからである。

④レヴィナスはハイデガーに関しても、他者を同化してしまうという批判を向けている。

だとすれば他者はこのハイデガーの企てる「同化」も超過しなければならない。これが第四の「他者の観念の超過」である。

> ハイデガーの存在論の特権性は「存在者を認識するためには存在者の存在を理解していなければならない」という自明の理に基礎づけられているわけではない。存在者に対して存在が優先性をもつと認めることは、それだけですでに哲学の本質について一つの説を述べているのと同じことなのである。それはつまり、存在者である誰かとの関係（倫理的関係）を非人格的で、存在者に対する掌握、支配を許すものである存在者の存在との関係に（知の関係に）従属させることであり、正義を自由に従属させることである。[7]
> （TI, pp. 15-16／六二頁）

一般の学問は存在者（物も含む）についての学問であるが、ハイデガーによれば「存在者を認識するためには存在者の存在を理解していなければならない」以上、存在者の存在を問う存在論は、それら一般の諸学の基礎をなす学問として特権性をもつ（Heidegger 1927 (1977), §3）。しかしレヴィナスはこういう理由づけは根拠薄弱だと批判する。この理由づけがひそかに倫理に対する知の優先性という、なお基礎づけられていない主張を秘めていることにレヴィナスは注意を喚起しているのである。ところでレヴィナスはここで「存在者の存在との関係」を「知の関係」と等置している。しかしこのような「知」は、ハイデガーによれば一般の認識に限らず、実践であれ何であれ、あらゆる存在者とのかかわりにおいて前提されるような広義の「知」である。例えば物を使うためには、物という存在者の存在の仕方（「存在」）を予め「知って」いなければならないというのである。しかしレヴィナスに言わせれば、このような「知」における存在とのかかわりが「存在者に対する掌握、支配を許す」というのであり、つまり存在者の同化を許すものだというのである。だとすれば、絶対他である他者はこのような「知」による同化を逃れるものでなければなるまい。

先に見たように、「知」を客観的認識ととらえるなら、その種の「知」によって他者がとらえられないということは理解できる。しかし今の場合、「知」はもっと広く、少なくともハイデガーの主張によれば存在者とのあらゆる関係において前提されるような存在の知である。だとすれば他者の客観知への抵抗と同じ理由でこの種の知への抵抗を理解することはできない。むしろ、「無限の観念」についてのレヴィナスの論議を見るかぎり、彼は他者の観念をもつわれわれが他者をある意味で「知っている」（他者の観念を有している）と認めている。たしかにこれは客観的認識という形での知ではない。しかし私の意識に無限としての他者が現れていることは疑いようがない。そうだとすれば、ハイデガーの論議の延長線上で、「他者にかかわる私も、他者とはいかなる仕方で存在するものであるかを（すなわち他者の「存在」を）何らかの形で理解しているから他者にかかわることができるのだ」といえるのではないか。そうだとすればハイデガーの存在論の枠組みの中で他者を考えることに問題は生じず、むしろこういう仕方で考えるしかないようにさえ思える。それにもかかわらずレヴィナスがハイデガーを退ける理由はどこにあるのか。そして、他者の観念を抱くという形での「知」は同化を招かないのに、存在者の存在を理解するという形での「知」は同化につながるという根本的な差が生じるのはどうしてなのか。

他者の観念をもつことは他者の「存在」知を前提しないとは言い難い。レヴィナスは他者の観念による他者へのかかわりの特権的場面を言語的かかわりに求める。しかし言語的に他者にかかわる場合でも、他者を他者として扱うためにも、何らかの形で他者知は不可欠であろう。したがって「存在者を認識するためには存在者の存在を理解していなければならない」という点については争う余地はない。先の引用でレヴィナスが主張しているのも、この「自明の理」は自明ではないということではない。むしろ彼の主張は、この自明の理だけでは決して存在論の優越性、つまり「存在者に対して存在が優先性をもつと認めること」を正当化できないということである。

その理由は〈学問は（顔を感じさせる他者に由来する）倫理を前提する〉という点に求められる。この主張自体とその当否は後で（第五章）詳しく検討するとして、この主張が正しいと仮定してみよう。その場合、存在論や現象学も学である以上、倫理を前提して初めて成立することになる。実はこの点に、レヴィナスが他者は現象学的還元に従わせることもできず、意味付与されたものとも見なせないと述べていた（①、②で）理由を見いだせる。というのも、学問が（顔を感じさせる）他者を前提すると仮定すれば、例えばフッサールが現象学的還元によって、自らが前提している他者を還元にかけ、その外界における実在性をカッコに入れることはできなくなるからである。なぜなら学に前提される他者は学問以前、現象学的還元以前の日常的態度（「自然的態度」と称する）において生きている私に対して現れてくる――この点も後で（第五章3）見る――ものであるから、他者は当然、単なる仮象ではなく実在するものとして理解されている。その実在性を現象学的還元によってあとからカッコに入れるということは、前提しているものを否定することに等しく、自己矛盾的で不可能な試みである。フッサールは無前提的なところから学問を構築していると信じているから、すべてをカッコに入れることが可能だと理解していたわけだが、それは――レヴィナスによれば――誤解なのである。

学問が倫理を前提するという仮定に立てば、同じく顔を感じさせる他者を意味付与の産物と見る可能性も否定される。「自然的態度」において他者は意味付与の産物というのでなく、他者自体が元来そういう意味を備えもっていると見なされている。したがって、それをあとから「意味付与の産物」と見なすことも否定される。こうして、現象学的還元も意味付与も、他者については成立しない。このことの理由についてはフッサールに関して論じた先の箇所では述べなかったが、レヴィナスの論議の中ではこのように理由付けできるだろう（ただし彼自身がこの種の問題設定をしているわけではない）。

ハイデガーに戻ろう。存在論も倫理を前提しなければ不可能である。しかしながらハイデガーは倫理の根源である顔の倫理性要求を捨象して他者をとらえている。これは学としての存在論が自己の前提である倫理を忘却して自家撞着を引き起こしたということに等しい。他者に本質的な倫理性を否定することは、学である以上、不可能である。

だが、これだけでは現実のハイデガーの議論を批判する論拠ではあっても、ハイデガーの存在論構想を根こそぎにする論拠にまではなっていない。というのも、先に見たように、他者認識においても他者の存在を何らかの意味で「知って」いなければならない――もちろん客観的認識のようなものではありえないが――ということは明らかだからである。だとすればハイデガーの論議に少し手を加えて、他者の存在を「私に倫理的対応を要求するもの」とし、なおかつ学としての存在論がこの他者とのかかわりから生じる倫理性を捨象できないものであることを認めつつ論議を展開するならば、レヴィナスの主張を認めつつ存在論を構築できるのではないだろうか。

レヴィナスは無論、右のような反問を具体的に検討しているわけではない。しかしレヴィナスはハイデガーが他者の要求する倫理性に耳を傾けなかったことを批判しているというより、ハイデガーの存在論の基本的構想自体に批判を向けている。したがって右の反問程度の弥縫策で片づくものとは考えていなかっただろう。レヴィナスの意図に沿う方向でこの反問に対するレヴィナスからの再反論が可能か考えてみよう。

まず、「他者の存在」を考えること自体が、顔という倫理の源泉を覆い隠すものである。顔は他者一般に対して感じられるようなものではない。ほかの他者とは違うこの他者が私に感じさせるものであり、顔を感じさせるこの他者とそれ以外の他者をひとまとめに「他者」などと一般概念でくくれるようなものではない。倫理は顔を感じさせる他者の現出に基づいている。その倫理性が学問の前提として問題になっているのであるかぎり、顔を正当に評価できないこのような他者の一般化は、存在論が自己の前提としての倫理を否定しているに等しい。

仮に他者一般に該当する「他者の存在」を考えるのではなく、今顔を感じさせているこの他者だけに該当する個別的なものとしての「この他者の存在」を考えるとしても結論は変わらない。この他者を（一般的存在者としての）「他者」に含められない独立した存在者として理解してみよう。そういう他者のあり方についての理解を私はもつだろうし、それを顔を感じさせているこの他者の存在についての知と言ってもいいかもしれない。しかしながら、たとえそれによってこの他者の一般化を回避しても、やはり決定的な問題が残る。その問題は存在論というもの自体の性格から来る。存在論はあらゆる存在者の根底にあるものとして存在を論じ、あらゆる学問の基礎を確立しようと意図する「第一哲学」である。存在を問おうという問題意識自体が、第一哲学としての意図と不可分である。しかしながら、〈学問は倫理を前提する〉というレヴィナスの主張は、このような「第一哲学としての存在論」という構想自体と衝突する。「（顔を感じさせる）この他者の存在論」は存在論の一分野でしかないはずであるから、もし「この他者の存在論」に基づいて展開される成果が存在論全体を基礎づけるなら、「第一哲学」としての存在論という構想自体に反する。また仮にレヴィナスに妥協して「この他者の存在」を基底におくなら、存在論はもはや存在論でないものに変質せざるをえない[(8)]。

レヴィナスは先の引用で「存在者に対して存在が優先性をもつと認めることは、〔…〕つまり、存在者である誰かとの関係（倫理的関係）を〔…〕存在者の存在との関係に（知の関係に）従属させることである」と述べていた。「存在者に対する存在の優越」は存在論の第一哲学としての地位の根拠と見なされている。それに対して倫理はせいぜい他者の存在などを扱う一領域存在論の内部の問題に過ぎず、存在論全体にかかわるものではないとされる。それゆえ存在を問う者は倫理の外に立ち、倫理（やその他の事象）を理解しうるものと見なされている。したがって、すでにここで倫理は存在論に従属させられ（倫理的関係の知の関係への従属）、存在論が第一哲学として自らに先立つものを認めないという構図ができ上がってしまっているのだ。

しかし「存在者を認識するためには存在者の存在を理解していなければならない」という点、また、無限の観念をもつことが一種の「知」だという点については認めても、他方で学問にとっての倫理の前提性を認めるなら、「第一哲学」としての存在論を認めることはできないのである。

7　まとめ

フッサール、ハイデガーとの対決を中心に、他者の他性とその認識の問題を扱ってきた。他性を同化しない形で正当に評価することは、フッサールやハイデガーの理論に立つかぎり不可能だとレヴィナスは言う。その根拠は彼らの理論が自らの前提となっている倫理を忘却し、それを逆に二次的なものと位置づけようとする点にある。いわば彼らは自分が立っている台を自分でもち上げようとしているようなものなのである。

他者の絶対他性の基準が何なのかという理由づけはレヴィナスにおいて必ずしも一義的ではない。同・他という単純な概念ですべてを覆い尽くそうとするなら、多義性は避けがたい。当然、何をもって「絶対他」と見なすかという点についても多義性がつきまとう。だが、所有可能な（絶対他ではない）他によって基礎づけられない異質性を有しているのでなければ、「絶対他」とはいえない。

学問の場においては、こういう「絶対他」をほかのものによって基礎づけて絶対他性を奪おうという不当な試みが種々の形態をとってなされている。フッサールやハイデガーの、倫理中立的な学を普遍化しようとする試みも、倫理の根源性を否定するという点で絶対他を同化してしまう試みと見なしうる。また、客観的なものに他者を基づけようとしたり、他者を同一般概念に取り戻そうとしたりする試みも同様である。そもそもある意味で「絶対他」はそれだけを考えれば非常に抽象的な概念である。だが、これら各種の同化の試みの拒絶として、絶対他の絶対他性はより具体的な形態をもって規定されているのである。レヴィナス自身がこういう具体化を意識的に行なっているわけではないが、このような作業によって彼の思弁に走りやすい論議を具体化実質化することはレヴィナスを論ずる者の第一の課題であろう。

絶対他が同化を拒む――他者が他者についての観念を超過する――根拠のうち、特にフッサール、ハイデガーにおける同化の試みに対する批判（①、②、④）では――私の判断するかぎりでは――すべて〈学問は倫理を前提する〉という主張にかかっている。たしかにそれ以外の根拠づけのようなことを述べている箇所もあるが、根拠薄弱であったり十分展開されていなかったりして、必ずしも中心的な論議とは言えない。レヴィナス自身の論議の核心は、この〈学問は倫理を前提する〉という主張にかかっている。ところが、レヴィナスを論ずる文献の中で、この点に『全体性と無限』の核心がかかっていることを明瞭に主張している論議を私は見たことがない（この理由については第五章で検討する）。次章で見るデリダのレヴィナス批判も、たしかに一方では核心を突く的確な批判を展開し、レヴィナスに大きな影響を与えた。しかし他方では、この批判も倫理が学の前提をなすというこの主張を見落としているために、ハイデガー、フッサールを擁護して見当外れのレヴィナス批判を長々と述べることにもなっている。

なお、他者を道徳事象の面から規定する「現象学的道徳的規定」（と私が呼んだもの）と、同や他という形而上学的概念を駆使して学や知の面で他者の規定をはかる「形而上学的規定」（と私が呼んだもの）の間のある種の不調和、緊張関係は残っている。レヴィナスはフッサール、ハイデガーのみならず、西洋の哲学の伝統のほぼすべてを「絶対他」の「同化」を図る哲学として退けようとさえする。こういう無謀とも言える壮大な野心を実現するためには、包括的な図式に基づいてさまざまな立場の哲学を一括し、なで切りにできる形而上学的規定のようなものは重宝だし、不可欠でもあろう。現にフッサールやハイデガーに対する批判は現象学的道徳的規定から事象分析に基づいてなされたものではなく、彼らの立場を同化と見なす形而上学的規定に基づいて展開されている。しかしながら『全体性と無限』という著作のなかで、形而上学的規定と現象学的道徳的規定は齟齬なく調和しているとは言い難い。一方では一般の倫理事象からえた現象学的道徳的規定をもとに形而上学的規定を築き、それを知の領域に適用することで無理が生じている。他方では形而上学内部でなされた独自の概念展開（無限としての絶対他規定など）のため、一般の倫理事象との乖離も生じているように思われる。『全体性と無限』のなかで特に後者の問題点が顕著に見られるのが、第五章で見る言語論においてである。

　本書が顔の現象学的道徳的規定から論述を始め、形而上学的規定について言及するのを本章まで先送りしていたのも、両者の齟齬があるからである。レヴィナス自身は形而上学的規定を正統的規定と位置づけているから、彼の意図に沿って紹介をするなら、逆の順をとるべきだったのかもしれない。しかし私見では形而上学的な他者の規定は現象学的道徳的規定の成果を十分理論に汲み上げて生かすことに成功していない。そして第二の主著『存在の彼方へ』でも両者の齟齬は解消されたとは決して言えない。形而上学的規定あればこそレヴィナスの思想は可能になったのであるが、それが事象的支えをえられないまま先走りしてしまったという点が彼の限界をなしてもいる。このような見地から、われわれの論議は両規定を無理に接合しようとするのではなく、両者の足並みの乱れから来るきしみに耳を澄ましながら進めていきたいと思う。

注

（1）この概念についてはあとで触れる。

（2）もちろん、これは時間的順序ではない。論理的順序であり、純粋な享受が最初にあるわけではない（TI, p. 112／二四四—二四五頁）。

（3）「受肉」は意識がさまざまな事実的条件によって規定されていることの比喩。ここでは伝統的哲学が意識の受肉をせいぜい意識にとって非本質的な事態としてしか認めてこなかったことを批判している。なお、ことばを使用することが、この引用文中では事実的条件にあたる。伝統的には、ことばなしでの思考も可能と考えられていたからである。

（4）この定義はあくまで「暫定的定義」であるが、少しあとで見るレヴィナス自身の公式の定義においても顔は他なるものの現れ方であり、他者が他なのである。顔自身が他なるものというわけではない。

（5）「形而上学」とは元来は形ある自然を扱う学に対して、形なき理念等を扱う学である。これにならってレヴィナスは他なるもの（後述のようにこれは対象として認識できないという意味で「形なきもの」と言える）を扱う学を「形而上学」と呼ぶ。

（6）これはこの机の個別性が「机」という一般概念に汲み尽くせないということとはレベルが別である。この机のもつ個別性はすべての個物について語れるが、選びにまつわる自他の個別性はこの自他にしか通用しないものである。

（7）原書の一六頁四～五行目の subordonne を subordonner の誤植と理解する。

（8）なお、「この他者の存在」の分析を存在論全体の基底におくことを、ハイデガーにおいて人間（「現存在」）の分析がそれ以外の存在領域の分析にとっての基礎的役割を果たすことと同様のことと理解することはできない。現存在分析の特権性は存在理解をもつのが現存在だという存在論内部の論理に基づく。一方、倫理が学一般の前提だというのは、存在論とは別の、倫理学や学問論の話である。「この他者の存在論」が基底であることについて存在論内部で決着がつかず、別の学問の成果に頼って決めることになるなら、存在論は「第一哲学」とは言えまい。どう考えても〈学問は倫理を前提する〉という主張と存在論は相容れないのである。

第四章　デリダの批判——「暴力と形而上学」

　ジャック・デリダ（一九三〇—二〇〇四年）はレヴィナスの批評にあてられた長文の論文「暴力と形而上学」（一九六四年。『エクリチュールと差異』（ED）所収）のなかで多岐にわたるレヴィナス批判を展開している。レヴィナス自身、この論文のデリダの批判が自らを苦しめ、以後デリダの提起した問題の克服に努めたということを述べている（Lévinas 1988b所収の討議のなかでのレヴィナスの発言（p. 70））。

　この論文でのデリダのレヴィナス批判の基本姿勢は、必ずしも彼自身の立場からの批判ばかりではない。むしろフッサール、ハイデガーを擁護するオーソドックスな批判の方が、数と論文内部での分量ではずっと多いくらいである。われわれの見解では、フッサール、ハイデガーを擁護する論議の主要な論点については、前章で論じたレヴィナスの〈学問は倫理を前提する〉という主張を正しく理解すれば一応かわすことができる（ただしデリダが気づいていないこの主張自体の問題点もある。次章で検討する）。しかし一方で、デリダはフッサール、ハイデガーを踏み越え、「他」の言語化という問題がもつ根本的困難を指摘している。例えばシュトラッサー（Strasser 1978, S. 242）、ペパーザーク（Peperzak 1993, p.

方へ』への移行に大きな役割を果たしたことを認めている。われわれも同じ考えである（論拠については第六章末で詳しく述べる）。

だが、レヴィナス自身、先の発言の箇所でもほかの著作でもデリダに指摘されたどの点が彼自身の根本的問題点だととらえたのかを明確に述べてはいない。そのため、不幸なことに、デリダに指摘された問題点のすべてがレヴィナス自身によって問題を含むものと認められ否定されたかの印象を与えかねない。われわれはデリダの批判を検討することで、デリダの批判のなかで『全体性と無限』に用意されているだけの盾でかわすことのできる部分と、『全体性と無限』の弱点に突き刺さった部分とを区別したい。そのことで『全体性と無限』の成果と限界を確定できるであろう。

デリダの批判は皮相な批判と言わざるをえないものも含めて多種多様なので、主要な議論に絞って紹介したい。

最初にフッサール、ハイデガーの両者を弁護して、レヴィナスを批判する次のような論議が展開される。この論議にはいくつかのヴァリエーションがあり、たびたび繰り返されている。

フッサールは意識対象を現象学的還元にかけ、意識作用（ノエシス）とその相関者としての還元された意識対象（ノエマ）を研究する（志向的分析）。このフッサールの志向的分析も、またハイデガーの存在論も、いずれも普遍的な分析の枠組みとして提示されたものである。したがって他者であれ、何であれ、彼らによればこの枠組みのなかで「ノエマ」のひとつとして志向的分析に従わされ、あるいはひとつのタイプの存在者として存在論的に分析されるべきものである。しかしレヴィナスは他者をこのような分析に従わせることの不当性を訴え、他者の例外性を主張する。それに対してデリダはフッサール、ハイデガーの分析の普遍性を擁護して、正統派現象学、正統派存在論の立場から論議を展開する。まずフッサール擁護の論議から見ていこう。

明証の究極の裁判権は無限に、可能なあらゆるタイプの対象に開かれている。すなわち考えうる意味すべて、意識一般に現前する意味すべてに開かれているのである。いかなる論議も（例えば『全体性と無限』のなかで倫理的明証が絶対的自立性をもつことに注意を喚起しようとしている論議なども）、もしそれが現象学的明証一般のこの層から汲み取られたものでないなら意味をもたないであろうし、考えられることも理解されることもなかろう。（ED, p. 178／二三七頁）

フッサールなら当然このように考えるであろう。つまりレヴィナスが現象学の志向的分析に従わせることのできない例外的なものと見なす他者でさえ、ほかの意識対象と同様に現象学の志向的分析に従わせられるべきものと考えるであろう。すべてはノエマとして分析されるべきものであり、そこで例外視されるべきものなどない。

> 他が他として現象するということなくしては〔他の〕尊重はありえまい。〔他の〕尊重の現象は現象性の尊重を前提する。そして倫理学は現象学を前提する。(ED, p. 178／一二三六頁)

ここで述べられていることは一つ前の引用の論拠にもなっている。倫理性を要求して現れる他者は、現象と言えないような特殊な形で私にかかわるのではないということである。仮に何か現象ならざる仕方で他者が私にかかわるものなら、そういう他者を一つ前の引用のように無差別に志向的分析に従わせることは不当といえるかもしれない。しかしそうではなく、他者もまず現れるのだから(その現れの理解に基づかねば他者に倫理的に対することも不可能である以上)、現象の一領域として他者現象を分析していけない理由はない。

この種の論議は前章ですでに触れた(第三章6。他者による他者の観念超過の①、②)。いずれにおいてもレヴィナスは他者をひとつのノエマとして志向的分析の枠内で扱うことの不当性を訴える。先に見たようにフッサールの枠組みに組み込むことが「同化」と呼ばれ、「絶対他」が同化を拒むがゆえに絶対他だと呼ばれるなら、絶対他としての他者はフッサールの枠組みに組み込めるようであってはならない。しかし、どうして組み込めないのか。むしろデリダはレヴィナスが他者の「同化」不可能を語るとき、レベルの混同を犯していると指摘する。

倫理的客観性を、倫理的価値を、倫理的命令を、対象（ノエマ）として語っても倫理的根源性を失うことはない。またそう語っても倫理的客観性を、ひとが一般に客観性という語で理解するもの（理論的〔観照的〕（théorétique）、政治的、技術的、自然的客観性、等々）に誤って――しかしこのことはフッサールの誤りではない――モデルを提供するもろもろの客観性のどれかに還元することなく済ますことができる。実のところ理論的〔観照的〕という語には二つの意味がある。つまり最初は普通の意味であり、レヴィナスの抗議は特にこれに照準を合わせている。そしてもうひとつはもっと隠れた意味であり、それには現出（*l'apparaître*）一般が、特に（最初の意味で）理論的でない現出が属する。第二の意味において現象学はたしかに理論主義〔観照主義〕であるが、しかしあらゆる思惟、あらゆる言語が事実上かつ権利上理論主義〔観照主義〕と結びついているかぎりにおいてのみそうであるに過ぎない。（ED, pp. 179-180／二三八頁）

「理論的〔観照的〕」は、デリダの言う「普通の意味」では対象に客観的にかかわる態度であり、「（客観的）認識」などとしてレヴィナスに批判されてきたかかわり方と同じものと見なしうる。レヴィナスによれば、他者を客観的に認識することは実践面で非倫理的であるばかりか学問的にも他者を正当にとらえたことにならない。他者認識は他者の客観的諸性質に他者を還元し他者の尊厳をとらえそこねるからである。これに対して、フッサールがすべてをノエマとして「対象化」するとき、それは「第二の意味」の「理論的」かかわり方であるから、「普通の意味」の「理論的」かかわり方のように倫理的なかかわり方と対立する同次元のかかわり方ではない。第二の意味の「理論的」なかかわり方には倫理的なかかわり方も含まれる以上、決して倫理的なかかわり方と対立することはない。レヴィナスは「理論的」態度のこの二つの次元を混同したため、尊厳ある他者をノエマとして分析できない（そうすれば倫理的なかかわり方を逸脱する）と誤って考えたのである。

このデリダの批判はデリダ独自の立場から語られているようなところもなく、きわめて正統的なフッサール擁護論であろう。しかしデリダの批判の一番の欠点は、『全体性と無限』で展開されたフッサール、ハイデガー批判のなかで、最も核心的である――と私が信じる――論拠に論及していないことである。これではレヴィナスを批判しても一方的な批判にとどまる。その論拠とは、前にも触れた〈学問は倫理を前提する〉という論拠である。この論拠の当否自体は次章で詳しく検討するが、この論拠が正しいと仮定すれば、あとは前章で見た通りの論議となる。倫理を前提とする学問は、その倫理において現れた他者の意味をあとから付け替えることは許されない。したがって、例えば倫理的にとらえられた他者を現象学的還元にかけ、ひとつのノエマとして分析することも禁じられる。学問の前提である倫理に関する諸意味については、学問は学問的態度に移行する以前の自然的態度に対して現れてきた意味をあとから否定することはできないからである。

ところで、学の前提としての倫理的他者関係という論議を考慮に入れて見直すと、右で一度見たレヴィナスにおける階層の混同というデリダの批判に対しても、別の見方ができるようになる。仮にフッサールの言うようにすべてがノエマとして分析でき、現象学が普遍的な分析の土俵を提示できるなら、それを「理論化」という、特定の対象へのかかわり方と同レベルの語で呼ぶことは階層の混同である。しかしながらノエマ的分析が他者分析に関しては許されないといえるのなら、ノエマ的分析という手法は普遍性を失い、対象にかかわる――それ以外のかかわり方と並ぶ――ひとつのかかわり方ということになってしまう。つまり、右で述べた「普通の意味」と「第二の意味」の本質的な差はなくなってしまい、「普通の意味」とせいぜい程度の差があるだけになる。むろん「階層の混同」ということはいえなくなる。

デリダはハイデガーを擁護する場面でも、同様の論議を展開している。フッサールの場合と同様に、レヴィナスがハイデガーの存在論を理解するうえで「階層混同」を犯していることを批判し、そういう混同を取り除けばレヴィナスのハイデガー批判は退けうることを示す。フッサールの場合と同様、混同を除いて正しく理解されたハイデガー存在論はレヴィナスの思惟もそれを前提せざるをえない性格のものだと主張される。

まず、「階層混同」に関する批判から眺める。繰り返し引用しているが、レヴィナスは「存在者に対して存在が優先性をもつと認めることは、それだけですでに哲学の本質について一つの説を述べているのと同じことなのである。それはつまり、存在者である誰かとの関係（倫理的関係）を〔…〕存在者の存在との関係に（知の関係に）従属させることである」

（TI, pp. 15-16／六二頁）と述べていた。この箇所でいわれる「優先性」に対してデリダは批判を向ける。「優先性の秩序があるのはただある決まった二つのものの間、二つの存在者の間だけである」（ED, p. 200／二六六頁）。存在は存在者のように比較の対象にできるようなものではない。にもかかわらず優先性に関する比較を行なうなら、それは存在と存在者の階層の差異を踏まえておらず、混同を犯していることになる。

また、レヴィナスからの前段落の引用に関連して、デリダは「存在の思惟はいかなる権力にもかかわらないし、それを行使することもない。というのは権力は存在者間の関係だからである」（ED, p. 201／二六七頁）という。存在とは、（存在者にかかわるものである）「類、範疇のかなた」（ED, p. 199／二六五頁）である。存在に関して存在者にしか該当しない諸規定、諸範疇をもって語ることはできない。

このような階層混同批判とともに、存在論の倫理学に対する前提性が主張される。

> 存在の思考が——あるいは少なくとも存在の前‐理解（pré-compréhension）が——存在者（例えば誰か、他としての存在者、他我としての存在者、等々）の本質の再認（*reconnaissance*）を条件づける（原理、原因、前提等といったあらゆる存在的条件づけを排除するような独特の仕方で）。この思考は他をそういうものとして、すなわち他として尊重することを条件づける。〔通常の意味での〕ひとつの認識（une connaissance）ではないこの〔他ないし他我としての〕再認（reconnaissance）がなければ、

〔…〕いかなる倫理学も可能ではなかっただろう。（ED, p. 202／二六九頁）

〔例えば倫理的規定も含め〕あらゆる規定は実際、存在の思考を前‐提する（pré-supposer）。存在の思考なしでどうして他としての、他我としての存在に意味を与えるというのか、あるいはまた他の実存と他の本質の還元不可能性に、それに由来する責任に意味を与えるというのか。（ED, p. 207／二七六頁）

デリダは先に、ハイデガーが存在の存在者に対する前提性を主張しているというレヴィナスの見解を誤解だと批判していた。しかし存在の思考の（すなわち存在論の）それ以外の思考（倫理学など）に対する前提性はこれとは別であり、デリダはこの前提性をハイデガーの真意だと見なす。存在の思考の前提性というこの論議については、先にわれわれが（「絶対他による同化の超過」の第四の意味（④）を検討した箇所で（第三章6））述べたことでほぼ尽きるので、あらためて詳論することはしない。結局この論議は〈学問は倫理を前提する〉というレヴィナスの論議の可否にかかってくるのであった。というのも、もし〈学問は倫理を前提する〉と言えるなら、他者に関してはそれ以外の存在者に関してと同様に「存在」を語ることは許されなくなるからである。そうなると存在の思考が外のあらゆる領域の思考に前提されるというデリダの主張は妥当しなくなる。しかしながらデリダは彼の批判の根幹にかかわるこのレヴィナスの論議を完全に見落としている。

　ところで、仮にこのレヴィナスの論議が正しければ、ハイデガー存在論に関してレヴィナスが階層の混同を犯しているというデリダの批判にも跳ね返ってくる。たしかにデリダの言うように、レヴィナスの「存在の存在者に対する優先性」という表現は軽率な表現であろう。「階層混同」と言われても仕方がない。だが、おそらくレヴィナスが言おうとしていたのは正確には「存在の思考のそれ以外の思考に対する優先性」であって、レヴィナスの真意はこれに対する批判にあったと理解してもよかろう。つまりレヴィナスの真意は、すぐ前の引用のなかでデリダが展開していたような論議に対する批判である。これについてデリダは十分な回答を用意できていないことを直前に確認した。

　次に、前掲のデリダからの引用、「存在の思惟はいかなる権力にもかかわらないし、それを行使することもない。というのは権力は存在者間の関係だからである」に関して述べておきたい。ここで述べられていることが正しいのは、あくまで「存在の思考の優先性」が妥当する範囲内においてである。というのも、存在の思考が基礎的かつ普遍妥当的な思考としてその優先性をもつかぎりにおいて、存在の思考を行使することは他の思考を排除するようなものではないからである。しかしレヴィナスの主張が正しく、存在の思考がその優先権をもたないとすれば、存在の思考によって他者に対することは、本来ふさわしい他者へのかかわり方を押しのけ、他者への不当な対応をとることになる。つまり、それは倫理的な対応をやめることであり、このことだけでも他者への権力的暴力的対応を選んでいるといっても過言ではない。

デリダのレヴィナス批判はまだ続き、なお言及すべき重要な批判も残っている。しかしここで一旦、レヴィナス批判の検討は中断し、今まで何度も示唆してきた〈学問は倫理を前提する〉というレヴィナスの主張の紹介と検討を先に済ませておきたい。今までの論議を通じて、このレヴィナスの主張の重要性が明らかになったからである。デリダのレヴィナス批判の検討は第六章で継続する。

第五章　「教え」——倫理と学

1　ことばと他者

〈倫理は学問の基盤である〉という懸案の主張を検討するためには、レヴィナスの言語論を広く検討しなければならない。今までの論議ではあえてできるだけ言語に触れないようにして済ませていたが、言語というテーマはレヴィナスにとって非常に重要なテーマである。言語は倫理に無縁であるどころか、むしろレヴィナスにおいて倫理的他者関係の中心的位置を言語における他者関係が占めている。

顔を感じさせる他者とは認識できないものであった。他者の客観的性質をいくら認識してみたところで、他者の本質としての、顔の訴える私以上の尊厳はそこからは出てこない。レヴィナスがことばを論じるとき、彼は何より他者との対話に照準を合わせる。そこには私が顔を感じる条件である、他者との対面状況が整っている。私が眼前の他者に嘘をつけば、彼は私の嘘の被害を被る。これに対して、遠く離れたところの知人に手紙の中で嘘をつくときや、あるいはテレビ画面の向こうの不特定の他者に嘘をつくような場合は、私の心もさほど痛まないだろう。ここにいない他者相手の嘘なら、私はあえてその者の被害を想像しないようにすることもできるし、だまされた者の糾弾の声も、先のこととして考えないようにすることができる。しかし目の前の他者は私に、嘘の被害を想像させずにはおかない。場合によっては、相手が今ここで私のことばの嘘を嗅ぎ当て、私を責めるかもしれない。対話の場では私は顔から逃れることが難しい（もちろん不可能ではないが）。嘘をつこうとして気がとがめるとき、私は顔から誠実に語るように求められているのを感じる。

他者との倫理的関係が問題となるのは私がことばを発する場合だけではない。他者のことばをむやみに疑うのは相手に失礼にあたる。一方、ここにいない他者のことばを疑う場合、例えば本に書かれていることばを疑う場合、私の疑いを知らない著者が私を失礼と感じることはない。直接の対面において営まれるため、対話は自他の倫理的かかわりとしての性格を免れない。

（顔を感じさせる）他者とは認識できないものだが、認識によらない他者との関係を叙述する際、レヴィナスは対話関係を非常に重視する。レヴィナスの発言を見ておこう。

> 他人とは意味するものであって、自らをではなく世界を語ることで[1]語り（parole）のなかに身を現す。他人は世界を提示し（proposer）主題化することで、身を現すのだ。
>
> （TI, p. 69／一六七頁）

他者は話し相手である。私に向けて語る主体、ないし私の語りが向けられる相手である他者は、語られる主題とは別のレベルに身を置くものであり、語られる対象としての主題化を受けることはないというのである。語られるということは一般概念のもとへの包摂である「認識」の対象になることであり、同化されることである。しかし話し相手はこの同化に服さないというのである。

しかしながら話し相手を話題にすることはやはりできる。これについてレヴィナスは次のように述べる。

主題として他人にかかわる語りは他人を含むように見える。しかしすでにその語りは他人に対して語られるのであり、その他人は対話者であるかぎり、彼を包みこんでいた主題から退いたのであり、彼が語られた事柄の背後から立ち現れてくることは避けがたい。(TI, p. 169／三四五頁)

私が語り合う他者と、語られて語りの主題とされた他者の間には言わば「次元の差」がある。話し相手の他者を私の語りの中に語りの主題として取り込もうとしても、私の語りが向けられているというそのことによって、他者は私が語った内容からすり抜けていってしまう。反省する主体である私を反省の中に取り戻す試みが最後の一線で壁に突き当たるように、語りが向けられる他者をその語りの中に取り戻す試みも最後の一歩で挫折する。

レヴィナスはここで語りにおいて他者を語りの対象として対象化（認識対象化）しない形で他者にかかわる方法を示唆している。だが、他者が対象化の例外であることは語りの普遍的条件であるから、これと倫理性を直結させることには無理がある。なぜなら、このような条件を満たして語りつつも非倫理的な対応をとることは可能だからである。他者を罵《ののし》ったり欺《あざむ》いたりする時、他者は右の意味では対象化されていないが、それでもこれを他者への倫理的対応と呼ぶことはできまい。レヴィナスも当然そのことは自覚している。「どんな発言（discours）でも外部性との関係だというわけではない」（TI, p. 42／一一三頁。なお、「外部性」とは「他」、より正確には「絶対他」と同義と考えてよい）。そこで語りの様式を区別し、より実質的な語りの倫理性を取り出す。

レヴィナスは倫理的とは言えない語りとして「レトリック」を挙げている。顔に応える倫理的な語りが誠実さを求められるのに対して、レトリックは誠実さを欠く。レトリックは他者への効果を目的とした語りであり、効果をあげるために本心を隠し、ことばを装う偽りの語りである。レヴィナスは「レトリック」という語で、広く他者を私の思うがままに操作しようとする語りを指す。

> われわれの発言が児童操作的（pédagogique）なものや心理操作的（psychagogique）なものであるとき、レトリックであり、隣人を計略にかける者の位置に立つ。（同所）

この意味で「レトリックは何にもまして暴力であり、不正である」(TI, p. 42／一一四頁)。こういう不正は他者操作を目指すという意味で他者を対象化していると言える。私の発言が他者にどういう反応を引き起こすかを私は常に織り込み済みで、私は意図的にことばを発し、対象としての他者を操る。結局、対話相手は語りの主題としての対象化を免れるというレヴィナスの主張は、彼自身の論議のなかで否定されているといってよい。レトリックは他者の対象化を含むが、逆にこういうレトリックを排することで倫理的な語りが実現される。

レトリックが備えもつ心理操作、民衆操作(démagogie)、児童操作を断念することが他者に正面から(en face)近づくことであり、真の発言において近づくことである。そのとき〔他者の〕存在はいささかも対象ではない。それにはどんな支配も及ばない。(同所)

先に、ことばの向けられる相手が対話の主題としての対象化に服さないという、他者の対象化逸脱の形式的定義を見たが、この定義においては対象化逸脱の倫理的意義に疑いを向けざるをえなかった。しかし今見たのは、それとは別の観点から定義された、ことばにおける他者の対象化逸脱であり、これは実質的倫理的意義をもつといえる。前の定義においては形式的面で対象化を逃れる話し相手も、あとの定義においては操作対象として私の操作戦略の中に組み込める。もちろん話し相手は自由であり、どういう反応を返してくるか完全には予期できない。この点は物の対象化のように原理上完全に対象化が可能というのとは異なる。しかし相手の自由による不確定性を残しつつ、私はその点も織り込み済みで他者を対象化できる。しかしながら私は、このような操作、対象化を意図しない誠実な語りを他者に向けることも可能である。これが、顔にふさわしい対応である。

なお、レヴィナスにはこのように、必ずしも彫琢されていない概念がよく見られる。前の定義とあとの定義が――「矛盾」とまでは言わないにしても――同じ観点からの規定ではないのだが、そのような問題点にも注意が払われていない。所々でこの種の驚くような無頓着さが見られる。われわれはこういった未整理と錯雑を解きほぐしながら進まなければならない。

ところで他者とは私に義務履行を迫るものであったから、私は常に彼に対して義務履行の「弁明（apologie）」を迫られていると言ってよい。他者へのことばは弁明の意味をもつ。「弁明は〔…〕発言の本質に宿っている」（TI, p. 10／五二頁）。したがって弁明が向けられる他者とは、いわば裁判官である。

通常の裁判なら、弁明をする被告や弁護士は裁判官の心証を何とかよくしようと思って裁判官の心を読む、つまり対象化する。そして彼に訴えるべく、いろいろ脚色しながら語る。しかし顔は裁き手である他者の対象化を厳しく禁じる。誠実に他者に語るとき、私は他者の反応の予想を考慮に入れることは許されない。誠実な発言が求められているときには、その発言の結果、私の不利益を招くことになろうとも、取り繕いは許されない。相手が私の弁明を聞いてどう思うかは一切他者にゆだねられねばならず、他者を操作しようとすることは僭越である。もし本当に自分の相手に対する義務を深刻真剣にとらえているなら、実際以上に自分を正しく見せようなどとはしないはずである。それこそ責任逃れの行為であろう。

2　教え

弁明とは逆方向の、他者から私への倫理的発言の典型例が「教え（enseignement）」である。「教えとは師（maître）が弟子に、弟子がまだ知らなかったことをもたらしうる発言である」（TI, p. 155／三一九頁）。「教え」は師である他者の教えを弟子である私が受ける、という形でのみ考えられる（逆方向の私から他者への「教え」は想定されていない）。「教え」は当然ながら真理を私に与えてくれるものである。嘘なら「教え」ではなく「レトリック」である。

しかし何が教えられる内容の真理性を保証するのか。それは教える他者の存在である。「命題を受け取る者はその命題において、問いかける可能性を受け取るので、彼は他人へと向かう」（TI, p. 69／一六七頁）。つまり私が受け取った教えについて、私はその真偽や疑問点を師に問いただすことができる。師は自らの発言に責任を負っているからである。「語られたことば（parole）とは語られたことば自体について釈明することである」（TI, p. 71／一七〇頁）。

一般に、発言はすべて「真理」として発言される。嘘が相手を欺きうるのも、それが真理として相手に受け取られるからである。例外は舞台の上などでなされる演劇的な発言だけである。この発言だけは、虚構であるということを公に表明してなされる発言である。これ以外は、たとえ実際には嘘であれ、真理として発言される。そして発言の真理性を保証するのは発言者その人である。私は発言について疑問があれば発言者に問いただせる。発言が嘘だとわかればあとでその責任追及を発言者に対して行ないうる。発言者はこのことを承知で発言している。つまり、対面の場で私に向かって発言する他者は、私にその発言の真理性を誓いつつ発言しているに等しい——むろん明示的にではないが、暗黙裏に——のである。

弟子である私は師の語る教えの内容の真実性を確かめる手段をもたないことが多い。世の出来事のすべてを知っているわけではないし、そもそもそうだとすれば教えを受ける必要などないからである。だから私は多くの場合、発言の真実性を信じるしかない。しかしその信用の根拠はどこにあるのか。それは眼前の師その人にある。発言内容それ自体ではなく、それを語る人を信じて、私は教えの真理性を信じるのである。

弁明において私が他者に語るとき、他者は対象化されないものだったが、逆に師である他者が私に語るときも、他者は対象化されないものである。私が他者に語るときの他者の非対象性について考えた際、われわれは独自に非対象性の形式的な意味と実質的な意味を区別して考えたが、ここでも同様の区別をしてみよう。形式的には、他者は語るものとして語られる内容とは別次元に立つ。たとえ他者が自己を語るときも、語っているその他者自身は語られた内容の外に逃れてそこから語る。それだけでなく、語る他者は私が語りの内容について問い合わせる相手でもある。レヴィナスはこう述べている。

〔他者による世界の〕主題化が他者をあらわにするのは、世界を措定しそれを提示する命題が空中に浮かんでいるものではなく、この命題を受け取る〔…〕者に返答を約束するからである。(TI, p. 69／一六七頁)

他者が世界を主題としつつ私に語りかけてくるとき、ことばの真実性の保証者として、他者は語られたことばを越え、その後ろに控える。たしかにここで他者はことばの主題としての対象化を被っていない。そして私は彼の言明に疑問があれば彼にぶつける。

だが、ことばへの疑問はことばを発する他者への疑問へと発展していくことがある。例えば相手の発言が私には腑に落ちないものだったとき、私は次のような疑念を抱く。「彼はこの発言で私をだまそうとしているのではないか」。あるいは「彼はもしかするとこのテーマをよく知らないのではないか」……。こうして他者の誠実さや知識に疑いの目を向けるとき、他者は主題化、対象化されていると言えよう。逆に私が疑わずに教えを受容しているとき、他者は対象化されていない。こうして形式的な非‐対象性を越えて、実質的なレベルで他者の非－対象性が語れるであろう。

他者の語るすべての内容について私は裏付けをとることはできない。したがって、他者への信頼がなければ彼の発言を信じることなどできはしない。発言内容への疑いから他者の誠実性や発言の裏付けとなる彼の知識自体にまで疑いがエスカレートすると、もはや「教え」は受容不可能になる。極く限定された一部の知識について彼が勘違いしているというような可能性を疑ってみることは教えを不可能にしないが、彼が私を欺こうとしているのではないか、というような全面的な疑いにまで疑いが膨れ上がるなら、「教え」はもはや成り立たない。他者のことばが「教え」として受け取られているかぎり、他者は対象化されない。あるいは極く限定された対象化しかなされない。

なお、「他者のことばが「教え」として受け取られる場合」という限定をここでつけたが、この限定によって排除される言明はさほど多くはない。つまり、他者を対象化してそのことばを教えとして受け取らないような場合はむしろ例外的な状況である。私が他者のことばを客観的に分析する言語学者や、他者のことばを職務上疑ってかかる検察官などである場合は別として、日常のコミュニケーションにおいて他者を頭から疑ってかかることは例外である。語りの主題としての対象化を被らない他者の現出はコミュニケーションにおいて通常の条件である。

しかしながら、どうして私は他者を疑うことが少ないのか。疑おうとすれば、いくらでも疑える。他者から間違ったことを教えられた体験など数えきれない。

疑わない理由の候補として、すべてを疑っていれば社会生活など営めない、というものが挙げられよう。それは疑っている暇が無いという意味でもあり、疑ってしまって教えを受容しないと社会生活に必要な知識が得られないという意味でもある。

こういう理由はたしかにあるだろう。しかしそれに並んで「他者に顔を感じるから疑わない」という理由を忘れてはならない。他者にむやみに疑いを向けるのは失礼に当たる。私は師の顔を感じるかぎり、彼自体に疑いを向けるようなことは慎む。もちろん、他者は師として語っている以上、私の疑問に答えることはその役割上の義務であるし、師も私が疑問点を腹にしまったままにしておくのを望まないだろう。これは他者が教えを教えとして、すなわち「レトリックもへつらいも誘惑も、そしてそれゆえ暴力もない論理的発言」(TI, p. 155／三二〇頁)としての教えをそういうものとして私に与えようと意図するかぎりにおいてである。その意図から当然にして私は疑問点を問いただす権利を得る。しかしながら、この質問の権利は私が無制限に疑問を発することまで許すものではない。というのも他者自体にむやみに疑いを向けることは教えを不可能にするため、こういう無制限の疑いを師が望まないことは明らかだからである。少なくとも師は原則上疑ってはならないものである(教えの文脈において一切他者は対象化してはならないのか、対象化が許される場合があるのかという点についてはここでは問わない)。

「顔ゆえに他者を疑わない」という倫理的な理由は、教えにおいて他者が対象化されないことの少なくともひとつの理由ではある。それどころか、おそらくもっとも重要な理由であろう。というのも――レヴィナス自身の言明による裏付けは得られないが――次のように理解できるからである。教えの典型は子が大人から教わる教えである。この教えなしでは、私は一人前の大人になることはできなかった。では子供はどうして大人に疑いを向けないのか。「子供は個々の発言に疑いを向けるだけの能力がないからだ」という理由がまず頭に浮かぶ。発言に疑いを向けるにはさまざまな予備知識が必要だからである。しかし本当に他者を疑う能力はないのか。子供はよく人見知りをするが、これは子供が信頼できる他者とそうでない他者を明瞭に区別していることを意味する。子は自分が親しくしていて信頼に足ると感じた他者のことばには顔を感じて耳を貸す[2]が、そうではない他者のことばは拒絶する。つまり、子供はことばの内容よりもそれを語る人物によって、ことばの真実性を判断している。またむろん、子供には「すべてを疑っていたら社会生活が営めない」というような配慮が介在することもない。結局、子供の教えの受容は他者への信頼という倫理的理由において成立しているのである。

　そしてこのような教えの受容が、私の知識全体の礎石になっていることは疑いようがない。私が独力で知識を集めたり他者の教えの批判的検討をしたりすることができるようになるためにも、子供の時の教えの受容が不可欠だった。それがなければ知の企てはいかにしても始まりえないのである。しかも、あとになって自分のもつ知識をひとつひとつ批判の篩《ふるい》にかけてみるわけにもいかない。それは学の全体系を一歩ずつたどり直すというとてつもない作業であるから。ということは、私は批判的に取り入れたわけでもない知識の地盤の上に知を、しかも批判的な知をも営んでいるのである。その地盤の形成に倫理的契機が働いているということは、私の知の前提として倫理的なものが不可欠の要素として働いているということを意味する。

3　倫理と学問

問題になっていた〈学問は倫理を前提する〉という論議も、言語論との関連において現れてくる。『全体性と無限』第Ⅰ部Cの3の標題は「真理は正義を前提する」というものである。この箇所だけでなく、各所で学の前提としての倫理、というテーマが、言語論を媒介にして展開される。

まずレヴィナスは、私が世界を対象化して眺めるようになるためには他者の介在が必要だ、と主張する。常識的には世界は他者の導きなどなくても私だけの力で認識可能であり、そういう孤独な認識を彫琢することで学は可能だと見なされてきた。しかしレヴィナスは逆に認識の根底に他者とその教えの働きを見る。

語りを真理の起源に置くこと。それは視覚の孤独を真理の最初の作業として前提する、暴露〔としての真理観〕を放棄することである。(TI, p. 72／一七三頁)

彼は言語以前の世界は曖昧さにみち、単なる「仮象（*apparence*）」しかないという（TI, p. 63／一五六頁）。これは次のように理解できるだろう。彼の考えでは他者と出会い言語を教わる以前の私は他と「所有」ないし「享受」においてかかわる段階にある。「所有」も「享受」も世界を自分にとっての主観的な意味においてしか眺めない。それゆえそこでは物そのものの客観的な姿は把握されない。それは物の真の姿と現れとの明確な区別を欠いた曖昧さに覆われた世界である。

しかしその段階でも当然知覚はしている。知覚において私は物を対象化しているのであり、知覚は物を客観的な姿で与えてくれるのではないだろうか。

だが、ハイデガーがすでに道具使用に関して述べたことから分かるように、知覚器官をもっているだけでは物を対象化して認識しているということにはならない。たしかに実践のなかで私は道具を使用し、その道具をもつ手でその道具を知覚している。しかしその場合、その道具である物体をそのものとして認識しているわけではない。道具使用の文脈において重要な、使い勝手などの面だけでそのものを問題にしているだけであり、それ以外の側面は一切問題にされてはいない。その道具である物をそのものとして認識するのは、道具が壊れたりして実践が営めなくなったその時に初めてである。

同様に、所有や享受において、私は知覚という手段をもってはいるけれども、物の客観的対象化のためにそれを使用することはないといえよう。知覚は享受等に従属させられ、そのための手段として利用される。物を対象化する、すなわち主観的観点を離れて物そのものを見るというような態度がここでは成立していない。

物へと対象化しつつかかわりゆくためには、私が「享受」や「所有」の利己的な世界関係をやめて別のかかわり方のレベルに身を置くことを必要とする。しかし利己的なあり方をやめることは、私にとって何の得になるわけでもあるまい。だとすれば、それは自ずから生じるものであろうか。「道具を物として知覚するためには行為を取りやめるだけで十分だろうか」(TI, p. 67／一六三頁)。私の自発的な態度変更としてこういう態度変更が生じるわけではない。むしろそれは外からの促しによって生じるとレヴィナスは考える。それが顔の到来である。

師が私に教えるのは師の目に映る対象としての世界の意味である。だから「教え」を受容するためには世界を対象として見なければならない。世界に対して主題化、対象化しつつかかわる(世界は語りの主題として対象化されるが、他者はそうではない)という態度が、つまり見る態度が、「教え」に従うという形で初めて実現される。師の教えの受容は、私的、主観的な意味を退け、他者の語る言語世界を真の意味世界として認めることである。

むろん、師が提示する言語世界は、私にとっての主観的な意味でも師にとっての主観的な意味でもなく、私と彼に共通の意味によって構成されている。「ものを指し示すことばは、そのものが私と他者達の間で共有されていることを証明している」(TI, p. 184／三七〇―三七一頁)。

他人を〔他人として〕認知すること、それは所有されたものの世界を貫いて他人へと到達することである。しかし同時に、贈与によって、共同性、普遍性を創始することでもある。〔…〕語ることは世界を共通のものにすることであり、共同のきずなを創造することである。言語は概念の一般性に依存しているのではなく、言語が共有の基盤を築くのである。言語は享受の譲渡できない所有権を破棄する。（TI, pp. 48-49／一二四―一二五頁）

顔によって私は「所有」における主観的世界関係からの離脱、複数主観で共通の世界（「間主観的世界」）への加入を迫られる。このような間主観的世界に引きだされた私は、間主観的な、すなわち誰もが同様に認めるものの見方を学ぶ。「すでにフッサールは思惟の客観性はすべての人にとって妥当であるという事実にあると明言していた」（TI, p. 185／三七二頁）。客観性という認識の理念は、この間主観性から生じるのである。普遍性、一般性も同様に理解できる。つまり、教えを学ぶことは、私の世界に対する態度を変え、客観的なものの見方を習得するための主体的条件を準備させる。単に客観的な知識を学べば客観性が身に付くというわけではないのである。

顔の尊厳ゆえに、私は他者の語ることばをゆえなく拒絶することはできず、彼の描く世界像を真なるものとして受け入れるよう迫られる。子供の教育を考えてみればいいが、そこでは言語世界における一般的な意味を真なるものとして受容することが求められる。文化的慣習や作法（他者へのかかわり方も含む）の習得と同様、ことばの用法の習得が、個々の知識、技術の習得としてではなく、世界と他者への正しいかかわり方の習得の一環として要求される。そのために「教え」による意味の習得においては従順であることが求められる。教えに従うことを、まず教えなければならない。「語りは何よりもまずこの教えそのものを教える。その教えによってのみ、語りは〔…〕ものや観念を教えることができるようになる」（TI, p. 41／一二二頁）。

子供は大人への信頼と倫理的敬意に裏付けられて教えを受容する。それは子供の主観的自己中心的世界像、世界関係を否定させ、彼の意味世界を刷新して世界関係を再構築する操作でもある。通常の意味での倫理的態度の受容も含む、世界への態度の変更が必要なのである。例えば机を机として、すなわちその上で書き物をするという用途において知らない子供は、その下に潜り込んで隠れて遊んだりする。机に私的な意味を与えて「所有」しているわけである。しかし大人は「正しい」机の意味、用途を教え、机の下に潜り込む子供を「それは遊ぶものではない」と叱る。その遊び方が机を傷めるということでなくても、「正しい」用途でないという理由だけで叱ることもある。

ここまでは教えを介して私が間主観的言語世界へと参加していく過程を描き出しただけだが、この過程においてすでにわれわれは学問的認識につながる道へ大きく踏み出しているのである。

世界は根源的な教えから到来するのであるが、その教えのただ中に学問の作業それ自身も身を据えており、教えを必要としているのである。（TI, p. 65／一五九頁）

ここで、学問は教えを前提する、という主張が提起されている。この主張の意味を考えていきたい。

まず、学問には対象化が必要である。これは先に述べたように自己中心的な態度からの態度変更を経ねばならないものであり、他者の介入を必要とする。ある物を対象化するためには師が私の注意を喚起し、明晰な思考を可能にする必要があるという（TI, pp. 72-73／一七三頁）。「注意」といっても、ひとがある物に誰かの注意を引こうとして、その物の近くで手を叩いて注意を喚起するといったことではないのは明らかである。こういったことに効果があるのは、すでに対象化する態度を身に付けているひとに対してだけだろう。「注意が何かへの注意であるのは、それが誰かへの注意〔気遣い〕（attention）だからである」（TI, p. 73／同頁）。師への「注意〔気遣い〕」によってのみ、すなわち師が物へ私の注意を喚起しようと呼びかけてくることに師への尊重ゆえ応ずるという形でのみ、私は物へ注意を向け、それを対象化できる。というのも師を尊重するという動機なくしては、私は相変わらず対象化以前の自己中心的な世界関係にとどまったままであろうからである。

また、客観的な姿勢が学問には不可欠であるが、そういう態度は教えを経て形成されるものであった。言語レベルから学問のレベルへの移行についてレヴィナスが順を追って語っているわけではないが、少し前のフッサールに言及した引用から見ると、レヴィナスはこの間主観性を基盤として、学問的理念としての客観性、普遍性が成立すると理解していることは間違いない。

むろん、先の対象化する態度であれ、今見た客観化する態度であれ、前学問的なレベルのそれと学問的なレベルのそれは同じではない。しかし、学問的なレベルになれば倫理的な「教え」の働く余地がなくなるというわけではない。むしろ日常レベルになお残る主観的な態度を拭い去って、学問的客観的な姿勢を育成するためには、おそらく学者同士の相互批判というような他者とかかわる契機が不可欠だと思われる。外からの批判、外からの視点なしでは、私は私の殻を破れない。

あるいはこのような論議を展開すると、レヴィナスの著作のどこにこういう論議があるのかと反問されるかもしれない。しかし例えば次の箇所で示されている真理観は、学問における学者の相互批判の意義をレヴィナスが自覚していたことを示している。真理を語る発言のあり方について述べた箇所である。

前もってでっち上げられた内的論理の展開ではなく、思考者相互の戦いのうちで、自由に伴う不測の危険に身をさらしつつ真理を構築する発言。(TI, p. 45/一一九頁)

年代的な差もあるから彼自身は使わないことばであるが、「コミュニケーション的合理性」という語を連想したくなる叙述である。ただ、この箇所については、「コミュニケーション的合理性」の概念に頼らなくても、次のような解釈程度はできるだろう。真理を見いだす理性は孤独な思想家の頭の中にあるのではない。学問において討議しあう中で真理は見いだされてきた。ひとりの学者が一からすべてを考え出したわけではなく、真理探求の歴史的な展開を踏まえ、それに規定されつつ学者は自分の思索を展開するのである。その意味で学問は間主観的な共同作業である、と。

学問レベルの主題化的、客観的態度の成立についても、他者からの批判を経て初めて、真に客観的な姿勢は身に付くのである。しかも注意すべきは、私が批判に耳を貸さないかたくなさを貫くなら、いくら私に批判が向けられてもその効果はないという点である。批判してくれる他者を尊重するがゆえに批判を尊重するという態度が不可欠である。つまり他者のことばの道徳的な受容としての「教え」の受容が不可欠なのである。

さらにまた、学問が「教え」を必要としているということの中には、教えによって獲得された言語が思惟にとって不可欠なものだという点が挙げられる。先に引用した箇所だが再度引用しよう。

> とりわけ、誰よりも見事にメルロ＝ポンティが示したように、思惟が受肉しておらず、ことばを語る以前にそれを考えるとか、思惟がことばの世界を構成し、それを世界に付け加えるというのは〔…〕神話である。思惟とはすでに記号の体系を刻んで、すなわち

ある民族ないし文化のもつ言語を刻んで〔思惟内容を〕彫りだすことであり、この働きそのものから思惟は意味を受け取るのである。(TI, p. 180／三六四―三六五頁)

こういう言語世界のなかで学問的思惟も展開されざるをえない。したがって学問的思惟が自らの基盤とするものすべてを明晰な意識のもとにさらし、そこで一からすべてを正当化できるというわけではないのである。ただし、この言語受容(それは同時に世界についての知識、世界観の受容でもある)は「学問の構築展開のため」というような理由で無条件になされる受容ではない。子供の教えの受容は教える師への信頼に基づいてなされるし、子供でなくても、教える師への信頼があって、教えの受容はなされるのである。

右に挙げた点以外にも、レヴィナスは学問に必要な態度の成立には他者の介在が必要だと述べている。学問の自己批判性についてである。

「知の特権性は自らを問いにかけること、自らの条件の手前にまで突き進むことにある」(TI, p. 57／一四六頁)という。ここで想定されているのは学の自己反省、自己批判、正当化といったものであろう。これらは学にとって不可欠の要素であるし、特に哲学はこの要素に主要な存在意義があると言ってもよい。

「もし哲学が批判的な仕方で知ることにあるなら、すなわち自らの自由に対する基盤を探求し、自由を正当化しようとすることにあるなら、哲学は道徳意識とともに始まる」(TI, p. 59／一四九頁)。「知の最終的意義は〔…〕他人の面前で自己を問題にし直すこと、自己の手前へと戻ることである」（TI, p. 60／一五二頁）。どこからも文句が付かないなら、私は自らの活動自体を問い返すことなく、前へ前へと進むだけだろう。自己の自由な活動としてなされた学問的営為とその成果が、単なる恣意でなく必然性や正当性をもつものだと他者に対して申し開きする義務感が、学の批判性につながると理解されている。正当化、根拠付けへの志向はここから来る。また、厳密さへの志向も――レヴィナス自身がこの点も念頭においていたかどうかは定かではないが――同様に他者の批判に応えるために必要になってくる。

知における自己批判は「無限責任」に結びつけて考えられる。「自己がすでに厳格に自らを統御していればいるほど自己批判はそれだけ余計に厳しいものになる」（TI, p. 74／一七五頁）。学問、特に哲学は妥協を許さぬ徹底性をもつが、それが――少なくとも自己の正当化、自己批判という文脈においては――無限責任の一環だと理解される。

なお、レヴィナスは「倫理学（morale）は哲学の一分野ではなく、第一哲学である」（TI, p. 281／五四五頁）といっているが、この発言は以上の文脈のなかで理解すべきであろう。学問一般の基礎として倫理があるなら、倫理学が諸学の基礎学としての意味をもつはずであろう。彼自身、単にこのことばをついでに語ったとか、今後のあるべき学問体系の理念として示したというのでなく、この『全体性と無限』という著作は倫理という新たな根源からの哲学体系の構築のために基石を据えようという試みそのものなのである。

さて、レヴィナスが学問に対する他者との倫理的かかわりの前提性を示そうとする論議をできるだけ彼に好意的に再構築した。次の課題は彼の主張が本当に正しいのかを、われわれ自身の視点から改めて検討することである。しかしその前に、彼のこの主張の意義とデリダがこの主張を見落とした理由を考えておきたい。

　前章までに何度も述べたように、もしこの主張が正しければ、他者を他の対象と並ぶ単なる一対象としてノエマに還元したり、一存在者として存在論的観点から眺めることは許されなくなる（なお、レヴィナスがフッサール、ハイデガーの論議を扱うに際して「階層の混同」を犯しているというデリダの批判についても、このレヴィナスの主張の正否にかかっているのであった）。というのも学問が学以前の生のレベルにおける（つまり「生活世界」における）他者の倫理的なものとしての現れを前提としているなら、学問があとからいくら他者のこういう性格を二次的なものとして位置づけようとしても、それは自己否定を招くことなくしては不可能だからである。

　他者そのもの、すなわち他者の観念に尽くされないものとしての「無限」は学問に先行する条件である以上、事後的に学がそれを「構成されたもの」として理解することなど許されぬものである。しかしフッサールはこの事態を正しく見ていない。

> もしフッサールが〔意識する私としての〕コギトに自らの外に支えをもたない主観性を見て取るなら、コギトは無限の観念そのものを構成することになるし、無限の観念を対象として自らに与えることになる。（TI, p. 186／三七四頁）

同様の他者の例外性はハイデガーについても指摘される。「存在論が不可能だというのは〔…〕存在一般の理解が他人との関係を支配できないからである。他人との関係が存在一般の理解を命じているのである」(TI, p. 18／六六頁)。

先述のように、この論点をデリダは見落としている。また、デリダだけでなく、レヴィナスを扱う評者の間で、この論点は無視ないし軽視されることが多い。しかしレヴィナスの論議のなかで何度も繰り返される中心的な論点であるだけに、なぜデリダが見落としたのか不審に感じられる。とりわけ、存在論および超越論的現象学の普遍性要求の批判において、〈倫理が学問の前提である〉という主張が決定的役割を果たすというわれわれが繰り返し論じた論点にデリダやほかの評者がほとんど注目しないのはどうしてであろうか。いくつか理由があるだろう。

(a)ひとつにはレヴィナス自身が〈倫理が学問の前提である〉という主張を唯一決定的なハイデガーやフッサールに対する反論の論拠として意識していなかったことがあるだろう。例えば、他者は対話の相手であるというだけで対象化できないものだと言える（すなわち他者はハイデガーやフッサールの論議の「普遍性」を逸脱すると言える）かのような論議が結論部分でも展開されている(TI, pp. 271-272／五二八―五二九頁)。この論拠は先に（第五章1）検討したように、不十分な論拠であった。しかしレヴィナス自身はおそらく、この論拠も学の前提としての倫理という論点と並んで同等に有効な論点と考えていたから、並行して提示しているのだろう。しかしその結果、レヴィナスはハイデガーらとの対決を押し詰めて、問題の核心がどこにあるのか、彼らを真に論破できる論拠がどれなのかを明瞭化する機会を失った。また、いくつかの論点のひとつと位置づけられることで、相対的にレヴィナスの論議全体の中の倫理の前提性の主張の比重が下がることになる。ここから、より単純で論駁しやすい論点に飛びついてレヴィナスを批判するだけで満足する論者も出てくる。これに対してわれわれは彼の諸々の論議の中から有効なもののみを選別したことで、彼の論議の目に付きにくい有効性を見て取ることができたのである。丹念に論点をひとつずつ検討して、有効な論点を取り出すだけの忍耐力をもたなければ、問題の主張の重要性に気づくことはないだろう。

(b)第二に、彼の論議の中では、この主張は、新たな哲学の体系的な構築という文脈の中で提示されることが主である。たしかにフッサールやハイデガーもたびたび批判的に論究されている。しかし右のような事情から、その批判もレヴィナスの体系を前提したうえで、そこからなされる批判であり彼の立場からの一種の断罪であるというふうに受け取られやすい。彼の立場を無批判に受容しなくても、別途提示される論証をたどれば説得力をもつ論議だとわれわれは考えるが、そういうものとして扱われにくい。それゆえ評者が真剣に例の主張の当否を検討する熱意をもちにくくもなる。

(c)第三に、レヴィナスの論議が錯雑し、場合によっては粗雑といわざるをえないような論議もまま見られるために論点がとらえにくくなっているということを挙げざるをえない。例えばデリダが盛んに批判していたレヴィナスにおけるフッサール、ハイデガー理解に関する「階層混同」を取り上げてみよう。われわれの理解では〈学問は倫理を前提する〉という主張に基づいて考えれば「階層混同」という批判は当てはまらない。しかし入り組んだレヴィナスの論議のなかで上記の主張を見失ってしまうと、「階層混同」が嫌でも目に付く。これは表面的な読みでも見えてくるものだからだ。そして一旦こういう点につまずいてしまうと、それ以後はレヴィナスを好意的に読もうという気力が失せてしまいやすい。

(d)最後に、デリダに帰するしかない問題点もある。彼は言語の倫理性の理解につまずき、世界の言語的表出を「暴力的」と見ている。しかし非倫理的と位置づけうるのはレヴィナスにおいては他者についての言明だけである。この誤解——これについては次章でも取り上げ直す——からすべての言語表現は（「教え」も含めて）誤って非倫理的なものと位置づけられてしまう。学問は「教え」という倫理的言語的行為抜きでは考えられないが、この誤解のために倫理による学の基礎づけという想定が端的にナンセンスなものとされてしまう。

4　学問は顔の倫理を前提するか

さて、〈学問は倫理を前提する〉という主張のわれわれの観点からの検討に移る。次の三条件が学問の主要な必要条件として挙げられていた。

①世界を主題化・対象化する態度を形成するということ。
②客観的に対象を眺めるという態度を形成するということ。
③思惟の前提である言語を習得しているということ。

①と②に関してはそれらの態度への移行に倫理的な他者の促しが必要だということは言えるだろう。それ以前には自己中心的な態度を取っていたのであるから、そこからの離脱が他者の倫理的な促しなしにはありえないということは一定程度理解できる（この理由については先に検討した）。また、言語獲得に関して教えはたしかに不可欠だと言える。

だが、問われるべきは単にそこで倫理が不可欠の条件として働いているかどうかということだけではない。それだけでなく、レヴィナスのいう「顔」が不可欠の条件として働いているかどうかが問われねばならない。彼の考えでは倫理は顔に基づくのだから、一般の倫理ではなく、顔の要求する倫理が基盤にあるのだと言えなければならないからである。つまり顔が要求する絶対他の尊重が学の前提でなければならない。さて、右の学の前提条件としての倫理性は顔の働きの表れと言えるのだろうか。その検討のために顔の要求のもっとも顕著な特性である「無限責任」が要求されていると言えるか確かめてみよう。

まず、①、②の対象化、客観化する態度の形成について。こういう態度は日常の言語世界のなかですでに原形が形成されている。むろん、学問的レベルではずっと厳密な態度が要求されることは間違いない。特に学問レベルで客観性の保持は容易ではない。ひとはすぐに主観的な見方に陥りがちであるから、絶えず警戒を怠ってはならない。しかしこれは「無限責任」における「責任をいくら果たしても十分ではない」という事態と同じものだろうか。ここで述べられているのは、私は絶えず警戒しなければならないということであって、「警戒にはこれで十分という限界はない」ということでもないし、「つねに今までより以上の警戒が必要だ」ということでもない。単なる恒常的条件が述べられているだけである。

また、特に①の対象化の態度については、そもそも達成がさほど困難とは思えない。達成できてしまえば、その後、より以上の責任が必要になることなどない。

③の言語習得について。これも「教え」は必要であるが、ここでいう「言語」は誰もが話している普通の言語のことを指している以上、特別な習得の困難さを想定することは難しい。私は言語の習得において、いくら果たしてもさらに深まっていくような義務を師から課せられたであろうか。しかもそれを充たすこと――もちろん最後まで充たしつくすことなど定義上ありえないが――が言語習得の必要条件だったというのでなければならない。誰もがこのような過酷な条件を充たしつつ言語を習得してきたとは考えにくい。実際は、ほぼすべてのひとが有限な責任を果たすだけで言語を習得してきたと思われる。

このように考えてくると、学問に必要という倫理的契機のどこに「無限責任」が見て取れるか疑わしくなってくる。無限責任を思わせる「どれだけ努めても不十分だ」という構造が現れてくるのは唯一、自己批判という知の性格に関してである。ここではレヴィナス自身はっきりこの構造を意識し、無限責任に結びつけて理解していた。学問、特に哲学は自己の根底を批判し、正当化を目指す。それは無制限の厳しさをもつ。前掲の引用をもう一度あげておこう。「自己がすでに厳格に自らを統御していればいるほど自己批判はそれだけ余計に厳しいものになる」。

しかしこれは「顔」から求められる無限責任なのだろうか。たしかに他者との相互批判が学には不可欠である。これは先にレヴィナスの言明において確認した通りである。相互批判において私の曖昧な基盤が暴かれ、自己批判を迫られ、自己のより確たる正当化が動機づけられる。たしかにここでは他者から責任履行が求められているように見える。しかし「討議倫理」を引き合いに出すまでもなく、討議の場は対等である。むしろ他者の方が尊重されるようだと討議自体が損なわれる。つまり、学問的自己批判の条件として顔の倫理の非対称性はここでは要求されないのである。非対称性が要求されないなら、ましてや無限責任は不要である。対等の責任なら、それほどの困難もなく達成できるため、それ以上の努力の必要はないからである。つまりここでは無限責任は必要とされていない。

あるいは学の自己批判において「どれだけ努めても……」という構造が強いられるのは、正当化の理念などの各種の学問的理念の実現においてだという考え方も可能かもしれない。たしかにこれらは無制約的な努力を求めてくる。しかし、これは学問を自らの課題として引き受けたことによって学問の諸理念実現のための努力も負わなければならなくなるのであって、自分の選択である。他者が私に学問を引き受けるべく迫ったわけでもない（そういう事例もあるかもしれないが、他者の要求が必然の条件とはいえない）。つまりここに求められているかに見える「無限責任」は実は顔から求められる責務ではないのである(3)。学の前提として顔が働いていることを論証しようとする試みは失敗しているのである。

結局、学の前提する倫理は顔の倫理である必要はない。レヴィナスの論議が破綻を来していることが判明した。デリダが批判していた論点とは別の箇所から、〈倫理は学問の前提である〉という主張は他人の絶対他性を証示する論拠であるとともに、新たな倫理学という基盤を「第一哲学」としてそこから哲学を構築し直すための論点であり、これは『全体性と無限』の根幹をなす論点である。だからこそ、この主張と顔の乖離という今われわれが示した点は、この著作におけるレヴィナスの根本的問題点である。しかしこの点を指摘している論者を私は知らない。というのも、そもそも前記の主張の重要性に気づいている論者が少ないからこの主張の問題点を突き詰めて考えようという論者がいないのも意外ではない。

〈倫理は学問の前提である〉という主張が「顔」と十分に結びつけられなかったということは、レヴィナスが新たな哲学を築くという意図を十分に倫理の事象研究によって基礎づけることができなかったということを意味する。われわれの論議に近づけ、範囲を絞って考えれば、彼の失敗は、彼の「絶対他」規定において、われわれが絶対他の「形而上学的規定」と呼んだものと「現象学的道徳的規定」と呼んだものが乖離してしまっているという点に現れている。前者は新たな哲学構築のための意図から、絶対他をそれ以外のすべてから独立した起点として確保しようとして導入されたものであった。レヴィナスは学問の起点として顔を立てるために、その起点を忘れたフッサール現象学やハイデガー存在論が自らを基礎学と僭称することの不当性を暴露しなければならなかった。そして真の基礎学として新たな起点から学問を築く正当性を示すことが必要だった。そのためには知の領域において絶対他を確保することが不可欠だった（そのために絶対他の形而上学的規定が考案された）のである。しかし実際に成功したのは〈倫理は学問の前提である〉という主張を示し、フッサールやハイデガーを批判することだけである（ただし倫理的尊厳をもつ他人を存在論やフッサール現象学に取りこめないものと示しただけでも――顔と学の前提である倫理との結びつけの失敗にもかかわらず――彼らへの批判は有効である）。この主張と顔との結びつきを示し、新たな学の基盤として顔を据えることには失敗している。

顔を中心とする倫理事象を抽象的、形而上学的概念によってとらえようとする試みは、新たな哲学構築という意図から要請されたものである。倫理事象に内在的な観点から、倫理事象把握のためにこの枠組みが考案されざるをえなかったわけではないし、実際事象に十分な裏付けも得られない。レヴィナスの真に取り組むべき課題はむしろ、事象に押し付けられた不適切な枠組みを取り払って事象を眺め直し、真に事象にふさわしい概念体系を準備することではないだろうか。

ところが、レヴィナスの『全体性と無限』以降の思想展開はこういう事象に即した転回を経るわけではなく、むしろ形而上学的枠組みを先鋭化させる形をとる。その方向づけには先に挙げたデリダの論文「暴力と形而上学」における、今まで紹介したのとは別のレヴィナス批判が大きな意味をもっていたと思われる。再びデリダに戻り、その批判を見ておきたい。

注

（1）「主題化する」とは thématiser の訳で、言説や認識の主題となすことである。ただし、日本語としては馴染みがないので、訳文以外では同じ意味で「対象化する」という語を主に使う。これはフランス語だと objectiver（対象化する、客観化する）で客観性との関連が強く示唆されてしまうが、日本語ではそういうこともないだろう。

（2）これは顔が相手への信頼や親密さに基礎づけられているということではない。第十一章で見るが、信頼は顔の感じやすさに影響を及ぼしているだけである。

（3）また、学問は永遠に発展、展開しなければならないという無限責任を思わせる課題をもつが、この課題も自己批判と同様、学問の理念による。

第六章 「他」の言表――デリダの批判再び

「絶対的に他なるもの」すなわち「無限」は対象化を拒み観念を越えるという。通常の対象とは異なるこのものを理解し、それを叙述するには、特有の方法的困難が存在することが予想される。デリダの論文はこの点を突く。

「他」は『全体性と無限』のなかで「外部性」という概念でも表されている（この著作の副題は「外部性についての試論」である）。「外部性」は空間的概念である。一方レヴィナスが他者の「外部性」で言い表そうとしていることは当然空間的な事柄ではない。にもかかわらずレヴィナスはそのような空間的比喩を使って語っている。デリダはこのような比喩使用は「最初から内部‐外部構造への国外追放に身を委ねることが禁じられるような哲学的ロゴスなどない」（ED, p. 166／二一九頁）ことの反映だという。つまり「自らの〔本来の〕場を離れて場所〔的比喩〕へと、空間的な場所性へと国外追放されることは、つまりこの隠喩は、哲学的ロゴスにとって生来のものであろう。隠喩というものは言語のなかの修辞的方法である以前に、言語の生成そのものであろう。そして哲学はこの言語でしかないのだ」（ED, p. 166／二一九―二二〇頁）。

もちろん「外部性」と言わず、「他性」（より正確には「絶対他」）と呼べば、たしかに空間的比喩に頼らなくても済むかもしれない。しかし言語にとって隠喩というものの意味が右の引用で述べられたようなものなら、事情は変わらないだろう。そもそも「絶対他」は対象化できないという点で普通の対象ではないから、普通のことばで言い表せるはずのないものなのである。その点、否定神学の考えた神の表現についての事情と似ている。神は神の創造による被造物と同列に扱いうるものではない。同等視することは神の超越性、神聖性を汚す理解の仕方でしかない。神は被造物を表す普通のことばで言い表せるものではなく、それゆえ、普通のことばを否定的に用いることによってしか表現できない。「神は死すべきものではなく、空間的なものではなく……」というように。同様に通常の対象を表すためのことば、すなわち対象化され「同」に取り込まれたものを表すためのことばを使って「他」を表そうとしても、そのままなら「他」性を十分に表現しきれないだろう。否定的な形でないにしても、直接的でない用法、たとえば転義的な用法や比喩等でしか表せないだろう。実際、レヴィナスにおいて他者の他性は〈物と違って「所有」できない「他」だ〉というように否定的に規定されてきたのである。

　空間性の比喩への論究を足がかりに、デリダはレヴィナス批判へと転ずる。

> 私が他人の還元不可能な（無限の）他性を（有限な）空間的外部性の否定を通じてしか言い表せないのは、おそらく他人の意味が有限であり、積極的には無限でないからであ

> る。(ED, p. 168／二二二頁)
>
> 積極的無限とは神である。

> 「積極的無限」（神）というこの語がもし意味をもつなら、それは無限に他なるものではありえない。レヴィナスがそう考えるように、もしひとが積極的無限は無限の他性を許容し、それを要請さえするのだと考えるなら、その場合一切の言語を断念しなければならないし、何よりもまず「無限」、「他」という語を断念しなければならない。〔…〕ひとが無限を積極的な充実（レヴィナスのいう非-否定的超越の極）として考えようとすれば、直ちに他は考えられないもの、不可能なもの、言い表せないものとなる。
> (ED, p. 168／二二三頁)

デリダは、レヴィナスのように他者と私の絶対的懸隔を強調することが哲学の枠組みまで破壊してしまう点に注意を喚起する。しかしレヴィナスはデリダほど事態を深刻にとらえることもなく、無邪気に進む。続けてデリダは語っている。

> レヴィナスが（伝統的な）存在とロゴスの彼方からわれわれに呼びかけるのは、おそらくこの考えられないもの、不可能なもの、言い表せないものに向けて来るように求めて

いるのである。（同所）

だが、レヴィナスがこのように自らが言語の限界を歩んでいるという自覚をもっていたかといえば、それは疑わしい。言語の問題には多くの紙幅が割かれながら、彼が分析する語りはもっぱら、私が他者に向けて世界を語ることであるか、他者が私に世界を語ってくれることであり、他者を語るということ自体についてではない。レヴィナスの企てはほかならぬ他者を語るということなのだが、対象化できない他者をいかに語るか、これは倫理性に反しないで可能なのか、仮に語ったとしても語られた他者は他者そのものの姿をとどめているのか、等々、問題は山積している。ところが『全体性と無限』においては主題的にこれらの問題が論じられることはない。

また、他を概念化することに関する問題もある。レヴィナスは「いかなる概念も外部性を把握することはない」（TI, p. 272／五二九頁）というが、それならどうしてレヴィナスは外部性について、絶対他について語れるというのか。デリダはこう述べている。

レヴィナスは道徳法則、道徳規則を提案しようと意図していたのではない。この点は忘れてはならない。彼はある道徳を規定しようとしていたのではなく倫理的関係一般の本質を規定しようとしていたのである。しかしこの倫理的関係一般の本質規定は倫理についての理論として与えられるものではなく、倫理についての倫理が重要なのである。

〔…〕ところで、この倫理についての倫理はあらゆる法則を越えているものか。それは諸法則についての法則ではないのか。首尾一貫性に逆らうことばの首尾一貫性を破壊する首尾一貫性ではないのか。（ED, p. 164／二二七頁）

倫理について、あるいは他者について語りながら、倫理一般、他者一般について語ることを避けられるだろうか。それが他者の対象化による一般の「理論」の形でなされず、倫理的な他者対応の一環として、その意味でひとつの倫理（「倫理についての倫理」）として遂行されるとしても、かといって一般概念を使わずに何かを有意味に語ることはできまい。ましてや「学問的」論議として語られる以上、概念の一般性に頼らずに済ませられるとは思えない。では、どういう方法で語るというのか。

デリダは空間性の比喩について述べた箇所で、比喩を使うしかないし、使っていいのだと述べていたが、それは概念の一般性についても同じであろう。ただし、使うとしても何の方法的反省もなしに使うわけにはいかない。しかし『全体性と無限』のなかに、この点について示唆を与える箇所は見あたらない。

レヴィナスによれば知は基本的に同化の一環である。しかし学問の前提として倫理を見いだしたことによって、他者の例外性を自覚し他者の絶対他性に目覚めれば、学はこの絶対他性を擁護する地位に立てる。今までの学は自己の前提としての他者関係を忘却していたから、他者を対象化し同化するという許されない振る舞いに及んだ。しかし自らの起源を見いだした学は同じ轍は踏まない。――おそらくレヴィナスの考えはこの種のものであろう。「第一哲学としての倫理学」という先にも触れた構想は、倫理という自己の基盤を自覚して「他」を圧殺しない、新たな哲学の構想の象徴である。

　では、右に挙げた「いかなる概念も外部性を把握することはない」というレヴィナスのことばはどう理解すればいいのか。概念による把握をいかなる仕方でも拒むというなら、もはや他者に関して学問は不可能である――少なくともこの時期のレヴィナスはそう考えるだろう。おそらくここは、他者についての学的分析一般について言われているのではない。この発言の真意は、対象化的な姿勢をとる学的分析は、概念によって他者を全面的に汲み尽くすことはできない、そういうことを試みるかぎり他者を曲解するだけだ、というようなことであろう。そのような姿勢をとらず、他者の絶対他性を自覚した学問なら、何らかの形で他者を概念を用いて理解することは可能なはずだ、と考えていたのだろう。

　にもかかわらずレヴィナスの具体的な他者記述方法についての反省は十分展開されていない。しかし今までの他者論の延長線上に他者記述のあり方がどういうものでなければならないかの推測はできる。他者を対象化できない以上、いかなる規定も他者を過不足なく十全にとらえるようなものではありえない。そのため、他者の本質を概念のうちにとらえることもできない。というのも何が「本質」かを判断する特権的な基準や視点――フッサールの形相的還元[1]のような――は得られないからである。なぜならフッサールの形相的還元には、本質を問われている当のものを意識の光のもとに展開し、個々の性質を検討していく作業が必要だが、そのためにはそのものを対象化することが不可欠だからである。しかしながら概念による十全な規定が不可能であることを自覚し、いわば他者の輪郭を間接的になぞるように概念的に言及することは可能だろう。本質を直接的に過不足なく表現するのではなく、その部分的特性から迫る形で論じることなどは許される。また、本質の把握困難は事柄の体系的叙述を不可能にするであろう。つまり、体系的叙述や全面的叙述ではなく、エッセーのような形、特徴記述の非体系的、非系統的で散発的な集積の形をとらざるをえないと思われる。

だが、今述べた私の考えが正しいとすると「第一哲学としての倫理学」というレヴィナスの構想はそっくりそのまま許容できるものとは思えない。というのもこの構想は明らかに体系的な学問の構築を志向しているからである。倫理という学問の前提をなす基盤を忘却の淵から取り戻し、そこから新たに他者の他性を尊重する学を築き直すという意図である。たしかに「第一哲学としての倫理学」という表現が出てくるのは『全体性と無限』では結論部分で一回だけである。しかしながら、「享受」というもっとも基礎的な「同」のあり方から順を追って「同」、「他」の叙述を試みる『全体性と無限』は、その目次だけから見ても、明らかに体系的意図に貫かれていると言いうる。しかしこういう体系的意図は事象にそぐわず、方法的反省の不十分さを示すだけである。

デリダは外部性をとらえようとするレヴィナスの試みは哲学の形をとろうとした点で誤りだったという（ED, pp. 224-225／三〇一頁）。デリダがレヴィナスを敷衍して指摘するのは、哲学の根底にあるロゴス一般の暴力性である。あらゆる述定は概念に依存するが、その概念化が暴力だからというのである（ED, p. 219／二九四頁）。だが、前述（第五章3）のようにレヴィナスにおいて真に「暴力」といえるのは他者を同化すること、他者を概念のもとに包摂することのみである。この点を踏まえて、デリダの発言を言明一般に向けられたものとしてではなく、他者についての言明に限定して考えてみるなら、他者についての言明が必然的に他者に対する「暴力」になるということは認めざるをえない。

レヴィナスによる知の暴力の問題視、非暴力の訴えかけについて、デリダは次のように述べている。

〔ユダヤ人レヴィナスのこの訴えは〕非－ギリシャ人から〔ロゴスの象徴としての〕ギリシャ人が呼びかけられることであり、これは沈黙の底から、語りの論理を越えた情動からの呼びかけである。非－ギリシャ人のこの呼びかけはギリシャ人の言語のうちではわれわれを忘れることによってのみ語られる問いから来るものであり、またわれを忘れることで、ギリシャ人の言語のうちでのみ語られる問いから来るものなのである。（ED, p. 196／二六〇頁）

ギリシャ人の（精神的）子孫として哲学するわれわれは、言語という手段に頼らざるをえない。他者の言語化の暴力性を告発する意図においてさえ、どうして他者については言語化が暴力になるのかを言語で示さざるをえず、そのため他者というものはどういうものかを語ることから始めざるをえない。つまり、暴力を告発するという自己の出発点を忘れて他者に言語化の暴力をふるうという自己忘却によってしか（しかも告発される言語に頼ってしか）、言語の暴力性の告発もできない。だがデリダはレヴィナスの試みを自己矛盾だという形式的判定によって切り捨ててしまうのではなく、自己矛盾を犯しつつも語ることを薦めているのである。

レヴィナスがデリダのこの論文から大きな衝撃を受けたという発言は第四章冒頭で紹介したが、この論文のどこに衝撃を受けたかはレヴィナスの言明などから直接窺うことはできない。しかしおそらく本章で扱った他者表現の方法的問題であったと推測できる。

この推測の第一の根拠として挙げられるのは、デリダからの批判に言及したレヴィナスの発言において、デリダの批判をことばによる他者関係を根拠に克服できると主張し、「前言撤回（dédire）」の手法によって言語は他なるものを叙述できると示唆している（Lévinas 1988b, pp. 68-69）点である。このように新たな概念である「前言撤回」に代表される表現可能性の問題こそがデリダの批判をかわす手段と考えられていたのであり、表現可能性の問題こそデリダの喚起した中心問題と意識されているのである。

第二の論拠は『存在の彼方へ』で最大の変化を示したのは、この他者の言語化という方法的問題に対する反省の深まりであるように思われることである。「語ること」、「語られたこと」という新しい主要概念は、この方法的反省の深まりから生まれたものである。なお、われわれは方法的観点から『全体性と無限』の体系志向を批判したが、『存在の彼方へ』において体系志向ははっきりと放棄されている。デリダが体系性を名指しで取り上げて批判しているわけではないが、レヴィナスは方法的反省が深まれば当然この問題点に思い至ったはずである。

第三の根拠として挙げられるのは、デリダの批判はさまざまな点に向けられていたが、先に見たように、多くは倫理の前提性という論議を盾にすればかわせるような議論でしかなかったので、こういう批判に衝撃を受けたとも思えないという点である。

だが、デリダの方法面に関する批判がレヴィナスにとって痛烈だったということが事実だったとしても、デリダの批判以前にはレヴィナスはこの問題に全く無自覚だったということはない。レヴィナス自身、『全体性と無限』（一九六一年）のあと、デリダの批判（初出は一九六四年）が出るより前に、方法的反省の深まりをはっきり示す論文（「他者の痕跡」（一九六三年）（« La trace de l'autre », *Tijdschrift voor Filosofie*, 25, 1963. Lévinas 1988a 所収））を書いている。レヴィナスの「転回」はデリダの批判だけが動機ではなく、内在的な思想の展開の結実でもあったのである。おそらく、彼自身のなかで前著の限界に想到し、自己批判を行なっていたからこそ、まさにその点を指摘されて衝撃を感じたのだろう。

最後に、このレヴィナスの転回がわれわれの『全体性と無限』への批判に対してもつ意味を見ておこう。

われわれは前章４で〈学問は倫理を前提する〉という主張を批判的に検討したが、『存在の彼方へ』においてレヴィナスが体系的な志向を放棄した結果、顔が実は学問を基礎づけていないというわれわれの批判は、この著作の思索の核心にかかわるものではなくなる。われわれのなしたような批判を考慮しての転回ではないけれども、結果としては批判をかわすものとなっている。

一方、われわれは前章4で絶対他の「形而上学的規定」と「現象学的道徳的規定」との齟齬を指摘し、後者を尊重する形でその齟齬を解消することが必要だと述べた。しかし言語化の方法論的反省を深めようとするレヴィナスの新しい方針は、この課題に必ずしも貢献するものではない。というのも、この方法論的反省は哲学の刷新のため、今までとはまったく異質な起点（絶対他）を確保するという思弁的抽象的な問題意識から生じたものであり、事象の側から湧き上がってきたのではないため、この反省が事象への新たな注目を動機づける形にはなりにくいからである。かくして、われわれの指摘した齟齬については注意も向けられないまま、レヴィナスの思索は別の動因によって転回してゆく。

注

（1）　あるものの本質（「形相」）を獲得するための操作。

第II部　方法の先鋭化――『存在の彼方へ』

第七章　他を語ることの困難――『存在の彼方へ』に向けて

一九七四年に出版された第二の主著は、『存在とは別様に、あるいは存在することの彼方へ（*Autrement qu'être ou au-delà de l'essence*）』という奇妙な表題をしている（以下では『存在の彼方へ』と略称する）。

あとで詳しく見るが、第一の主著『全体性と無限』で「同」と呼ばれてきた、私の根本にある自己確立の努力は、第二の主著のなかでは存在全体の基幹をなすものとして理解されることになり、「存在（l'être）」ないし「存在すること（essence）」と呼ばれる（essence は「本質」という一般的意味では使われない）。

この著作が叙述しようとするのはわれわれが本書第I部で「絶対他」と呼んできたものであるが、しかしそれを英語のbe動詞に相当するフランス語のêtre（「存在する」、「……である」。また名詞形も同じ形なので、「存在」と訳せる）という動詞を使って叙述すれば直ちに、存在とは他なる絶対他は一種の存在であるかのように表現されてしまう。例えば「他なるものは尊きものである」と述べるとき、存在とは他なるものがそれ以外の世界内の尊いものと同様の存在するもの（「同」に属するもの）として理解されてしまう。絶対他は、「存在」とは異質なものであるから、「存在とは他なる存在」とは呼べない。また、「もの」と言えば対象化され「同化」されたものになる。それで――「存在とは別様に存在するもの」でなく――この著作の表題のように「存在とは別様に（autrement qu'être）」という副詞の形や――「存在の彼方に存在するもの」でなく――「存在することの彼方（au-delà de l'essence）」などという奇妙な用語で示されることになる。この用語の奇妙さは、存在とは他なるものを言語的に把握することの原理的困難を示している。

しかしながら存在とは他なるもの――矛盾を承知でこのように表記せざるをえないが――の把握といえども言語によってなされざるをえない。したがって他の同化を避けることはできない。レヴィナスは『存在の彼方へ』というこの著作自身が、冒頭から「存在する」という動詞を使って論述していることに注意を喚起している（AE, p. 56／一一三頁）。言表することによる他の同化というこのことは「存在とは他なるものが言表されるやいなや、存在が〔その他なるものを〕閉じこめてしまう出口なき運命」（AE, p. 6／二六頁）だと言えよう。

この著作の第一の意図はもっぱら他の言表という矛盾に満ちた課題への解答の試みと見なしうる。いわば、「存在の他」とは言い表せないものである。その言い表せないものを言い表すために、レヴィナスはいくつかの手法を取る。「語ること」、「語られたこと」という対概念が鍵を握るが、それ以外にも方法的な役割を担う諸概念が案出されている。例えば「前言撤回」であり、「誇張（emphase）」である。

「誇張」以外は次章以下で詳しく論じるので、ここでは「誇張」についてだけ触れておきたい。『存在の彼方へ』公刊の一年後になされたレヴィナスをめぐる討議のなかで、彼自身『存在の彼方へ』を意識しつつ「誇張」を彼の哲学の方法と認めている（« Questions et réponses », in Lévinas 1982b（1986), pp. 141-142／一七二―一七五頁）。その「誇張」とは、「ある観念からその観念の最上級に、さらにはその観念の誇張にまで進むということです。そこには決して最初の観念に含まれていたのではない新しい観念が、せり上げ（surenchère）によって生じ、あるいは流出したのです」（ibid., pp. 141-142／一七三頁）。

彼ははっきりとキリスト教神学の「優越の道」という方法をあげて、それになぞらえてこの方法を考えたことを認めている（ibid., p. 142／一七四頁）。神学は神を語る学であるが、神も語りえないものである。というのも言語的表現は被造物という有限なものを言い表すべく作られたものであるから、神を表現するにはふさわしくない。したがって本来、例えば神について「善」だと言うことなどできず、そう言うとすれば神への冒瀆になる。しかし、そういう表現しかわれわれにはできない。われわれはやむをえず神を「善」と表現せざるをえない。しかしその「善」性は被造物の善性を無制限に増加していったその極限、善性の優越の極限に、やっと――なおあくまでも類比的、近似的な形でであるが――垣間見ることができるものである。このような、被造物の形容を無制限に優越した極のものとして類比的に神を表現しようとするのが「優越の道」である。

同様に考えれば、存在を言い表すべく作られた語で存在とは他なるものを言い表すには、他なるものとしての性質を極限まで強調する仕方で表すしかない。もちろんそうしてもあくまで類比的表現にしかならないだろうが。そういう方法が「誇張」である。

今参照している箇所でレヴィナスは自らの「誇張」の具体例を挙げているが、その例のなかに、「受動性」（他なるものの能動的な構成のような、他へのかかわりにおける能動性の否定、受動性の重視）と「責任」の強調がある。「受動性」や「責任」はいずれも『全体性と無限』において重要な役割を演じた概念であるが、それが『存在の彼方へ』において、「誇張」という仕方で先鋭化されて再び中心的な役割を演じることになる。

同じ箇所で、「責任（responsabilité）」が「身代わり（substitution）」へと先鋭化されたのは「誇張」によるという[1]（同所）。『全体性と無限』の「無限責任」においては責任を引き受け履行してゆく過程の極限にあった他者の身代わりという事態が、『存在の彼方へ』では「誇張」によって責任の典型とされ、レヴィナスはそこから責任というものをとらえていこうとするのである。

『存在の彼方へ』を特徴づけるのは、先に述べた語りえない他を語るという課題である。この「誇張」もそのためのひとつの方法である。だが、この著作の中では直接これを方法的概念として明言したうえで使用することがない（そう明言せずに使用している）ため――われわれが参照したのも、この著作を執筆した直後の別の著作だった――、注目されることも多くない。しかし、さまざまな箇所で、彼の論議の進路を大胆な先鋭化に向かわせている重要な動因のひとつはこの方法にあるように思われる。

注

（1）『存在の彼方へ』にも同様の記述がある（AE, p. 152／二七六頁）。

第八章　絶対他把握の方法的問題

1　語ることと語られたこと

『全体性と無限』では言語が他者への特権的な通路として位置づけられていた。認識、対象化とは異なる他者へのかかわりは、まず言語的なかかわりのうちに見いだされていた。『存在の彼方へ』でも同様に言語が他者への特権的な通路として位置づけられる。その上、後者では先に見たように他なるものを言語的に叙述することに対する方法的意識が高まる。そのため、言語という問題が今まで以上に重視され、論議の中心を占めるようになる。本章では、言語を中心に、まず方法的問題を扱う。たしかに実質的な問題に先行してこういう問題を扱うことは事象を見失う危険をともなう。しかしレヴィナスの方法意識の高まりが『存在の彼方へ』の特徴をなしており、その方法意識と事象記述を切り離しては論じえないのである。

言語を扱うための鍵となる概念が「語ること（Dire）」、「語られたこと（Dit）」という対概念である。私が語るときには、語りかける相手である他者がそこにいる。語ることへの注目は以前と同様、何よりもまず他者とのかかわりのなかから言語を考えていこうとする姿勢に基づく。

語ることは〔…〕語られたことを言表し、主題化するが、しかしそれを他に対して、隣人に対して意味する〔…〕。（AE, p. 58／一一九頁）

常識的に考えると、私が語るときは他者に対して何かについて――例えば目の前のイスについて――語っている。レヴィナスの言う「語られたこと」とは、そのイスについて私が心に抱く観念内容であり、いいかえれば言語の指す意味内容（「シニフィエ」）（AE, p. 171／三〇六頁）である。

「語ること」はまず、「語られたこと」を他者に対して語ることである。ここから「語ること」は倫理的な意義をもつようになる。私が顔を感じているなら、私が何かを他者に語るとき、それは他者を欺くことばであってはならない。その意味で私のことばは顔への応答の意味をもつのである。他者が何か尋ねてきたなら、私は無視すべきでない。誠実に真実を語る義務等を負う。他者が困っていれば彼に声をかける義務を負う。それも自分のことばに責任をとるつもりもないうわべの親切心でなく、彼の困難にどこまでも付き合うつもりで心底から出たことばでなければならない。

今見た「語ること」は、「語られたこと」を語る「語ること」である（用語としては「語られたことの相関者である語ること（Dire *corrélatif* du Dit）」（AE, p. 47／九八頁など）と呼ばれる）。しかしながらレヴィナスはさらに「「語られたこと」なき「語ること」」（AE, p. 58／一一九頁）について述べる。それは「他への暴露（exposition）としての語ること」（AE, p. 61／一二四頁）ともいわれる。

たしかに「語ること」はコミュニケーションであるが、しかしあらゆるコミュニケーションの条件としてであり、暴露としてである。（AE, p. 61／一二五頁）

ここで言う「暴露」は他者への暴露である。つまり、ここでは他者へさらされているということ（つまり顔を感じその要求にさらされているということ）がコミュニケーションの条件だというのである。他者への暴露が「語ること」の本質たる他者への真の通路を保証する限りで、勝義の「語ること」はこの暴露そのものだといっても過言ではない。ただし、暴露されているこの時点では、まだことばに出して語ることはなされていないから、「語られたこと」をもたない「語ること」しかない。その意味でレヴィナスは、現実にことばで語ることとの条件としての他者への暴露を「語られたことなき語ること」と呼ぶ。「語ること」一般の根源はここにある。彼が「語ること」とだけ書くときも、多くの場合この「語られたことなき語ること」を意味している（一方、「語られたことの相関者である語ること」は、本来は語る私のあり方であり、厳密にいえば言語の指す意味内容の「語られたこと」とは次元が異なるが、これが（「（語られたことなき）語ること」との対比で）簡略化して「語られたこと」と呼ばれることもある[1]。さらに彼は、言語の意味内容としての「語られたこと」を媒介として形成されたもの（後述の「正義」や存在、思考など）を指して「語られたことの秩序」ということがある）。

レヴィナスは他者への特権的通路として言語の可能性に賭けている。彼は言語を他者を対象化、主題化しない形で他者にかかわる方法として注目している。第Ⅰ部でわれわれが対話における言語の分析において見たように、対話において対象化されるのは話題であって他者ではない。「教え」の場合のように、他者の尊重が対話の条件になっていることもある。最低限、対話において他者を対象化しない他者とのかかわりが可能だとはいえそうである。しかしながら先の引用でレヴィナスは、顔への暴露を「あらゆるコミュニケーションの条件」と位置づけている。つまり、倫理的に眼前の他者へ向けて語る場合だけでなく、それ以外の場合、例えば他者をののしったり奴隷である他者に命令を下したりするような場合でも、顔への暴露としての勝義の「語ること」が条件だというのである。果たして対話の語りにこのような条件が普遍的に妥当するかどうか疑問が生じるのは当然である。

また、この「語られたことなき語ること」については、他者への無限責任が課せられるという。

語ることにおいて揺るぎない仕方で成就する隣人との関係は、この隣人への責任であり、語ることは他人に応えること（責任を負うこと）である。そしてこのように主張することは、まさにそのことによって、〔…〕責任に対して、もはや限度も中庸さも認めないということである。（AE, pp. 60-61／一二三頁）

どうして言語においてこれほどの責任が課せられるのか、容易には納得しがたい。普通に考えると、責任の履行はことばではなく行動によるものだからである。

ただし、これらの疑問を論議するにはなおいくつかの論点をふまえる必要がある。そこでこの疑問は先送りして（第九章5、および第十章の注（1））、差し当たりは他者を尊重する倫理的な対話というような、顔にさらされているとみなしうる典型例だけを念頭に置いて論議を進めたい。

「語ること」においてわれわれがつまずくのは、これだけではない。例えばレヴィナスは「語ること」が受動的だと繰り返し述べている。「語ること、すなわちもっとも受動的な受動性」（AE, p. 64／一二九頁）。普通に考えれば「語ること」は主体の能動的な働きかけであり、ことばを選んだり口を開いたりするのに能動性が必要となるのだから、この表現は一見いかにも奇妙に聞こえる。しかし、ここでレヴィナスが念頭に置いているのは、「語ること」の条件である「語られたことなき語ること」なのである。現実にことばに出して語ることに先立つ顔への暴露は顔を受動的に受けとることなのである。

顔にさらされ、顔の要求に応える形で、私は他者へ向けて語る。ここで「語られたこと」の相関者である「語ること」、現実にことばを発する「語ること」が生じる。この段階において、「語ること」は、その内容が何であれ、「語られたこと」を他者に向けて語る。「語られたことなき語ること」が受動だといわれたのに対して、「語られたことの相関者である語ること」(つまり「語られたこと」を語る「語ること」)は次のように規定される。

語られたことを言表する語ることは、感性的なもののうちの最初の「能動性」であり、その能動性がこれをそれとして固定する。しかしこの固定の、判断の、主題化の、観想の能動性は純粋な「他者のために」であるかぎりでの〔…〕語ること〔つまり「語られたことなき語ること」〕のうちで生起する。(AE, p. 78／一五四頁)

第Ⅰ部でも見たような意味付与のモデルが基本にある。受動的に与えられる感性的な所与に私が能動的に意味を与えることによって、私は対象をしかじかのものとして(「これをそれとして」)成立させる。ここでの「語ること」は、こうして対象をしかじかのものとして成立させ、そのしかじかのものとしての規定、対象の意味を他者に向けて言表することである。そのしかじかのものとしての規定、対象の意味が「語られたこと」である。ここでは対象への意味付与や他者への言表において能動的な働きが見られる。

意味付与と「語られたことの相関者である語ること」の重ね合わせは唐突な気がするかも

しれないが、われわれが対象をどういうものとして意味規定するにせよ、その意味は言語的に習得された意味である。知覚的な意味など、言語以前のものもあるのではないかという気がするかもしれない。しかし少なくともわれわれ言語を学び知った者にとっては、知覚世界でさえ、言語的意味によって改めて組織化し直されてしまっていることは間違いない。知覚される物にも、われわれは言語的に習得した意味を与えて見ているのである。だとすれば対象への意味付与のレベルに「語ること」という言語的な主体の能動を見ることは不当ともいえない。単に言語以前に成立した対象の意味を事後的に取り出して、それを他者に伝えることだけが言語の働きではないのである。

第五章2で見た通り、『全体性と無限』でも対象の意味は他者の「教え」という言語レベルのものから到来するのであった。だが、意味が他者を介して与えられる以前にも、同はすでに形成されていた。知覚はすでに所有の一種であり、対象として存在者をたててそれを同化するものだった。ところが、『存在の彼方へ』では存在者が存在者として成立するその点においてすでに言語が介入するものと見なされる。

> ことばは「これをこれとして」同一化し、異なるもののうちの同一なるものの理念を言表する。その同一化は「しかじかのもの（cela）としてのこのもの（ceci）」という意味を提供することである。提供されたこの意味において、諸存在者は同一的な統一体として現れる。〔…〕同一的な統一体は、まず与えられ主題化され、その後意味を受け取

るのではない。同一的な統一体は、その意味によって与えられるのである。「しかじかのものとしてのこのもの」において「しかじかのもの」は体験されるものではなく語られるものである。（AE, p. 45／九四頁）

右で述べられている同一化は当然、ある存在者の存在者としての同一化にもかかわる。つまり存在者が存在者として成立するその根底に、言語がかかわっていると想定しているのである。

語られたことの背後には、ロゴスの背後には、存在すること（*essence*）も存在者もない。（AE, p. 51／一〇四頁）

庭の木は五年前とは高さも違うしそれを構成する分子もすっかり入れ替わってしまっているが、私はそれを「同じもの」と見る。たとえその木が切り倒され、薪《まき》にされて姿を変えても、「同じもの」と見る。この三つの「同じもの」を一貫する物質的連続性はない。しかしそれを「同じもの」と私は見ている。これは恣意的な見方である。自然は連続的であり、その連続的な一部分をひとまとまりとしてほかのものから切り離して見るのは、なにがしか恣意的である。「同じもの」としての存在者の同一性はこのように、自然界にもともとあるわけではなく、私が与えたものである。そしてレヴィナスは二つ前の引用では「同じもの」、

「同じ木」というような同一化をなす際に、「語られたこと」としての言語的規定が不可欠の要素として働いていると述べているのである。

『全体性と無限』によれば、主題化、対象化は同化であった。「語られたことの相関者である語ること」も対象を存在者として成立させ、それを主題化する。そういう意味で「語られたことの相関者である語ること」もまた同化である。ところで存在者が存在していると言うとき、存在していると言えるために備えているべき特徴、それこそが「存在」と呼ばれるべきものだろう。それはいいかえればその存在者が存在する仕方の核心をなすものであろう。これは『全体性と無限』の表現では同の同化の働きに対応するが、『存在の彼方へ』では存在者一般の存在（l'être ないしそれと同義の essence）[2] とは存在者が同じひとつの存在者として同定されて現れるという存在者のあり方だと言ってもよかろう。それには言語的過程、すなわち「語られたことの相関者である語ること」を必要とする。

　もろもろの存在者は存在する。それらが語られたこと〔「語られたことの相関者である語ること」〕において現出することが、それらの真の存在（*essence*）である。（AE, p. 57／一一七頁）

一方、『全体性と無限』で「絶対他」と呼ばれていたものは、この同化の働きを、「存在」を免れるものであるはずである。『存在の彼方へ』ではこの「絶対他」は、前章の最初に触れたように、「存在とは別様に」などと呼ばれるのだった。「語られたことなき語ること」とは、この「存在とは別様に」への暴露のことである。「語られたことなき語ること」は受動的に「存在とは別様に」ないし「存在の他」にさらされる形で、それとかかわる。しかしレヴィナスは哲学者である以上、この「存在の他」を語らざるをえない。

語られたこととしての言語において、一切はわれわれの前に翻訳される。それはたとえ裏切りを代償としてであっても。〔…〕その言語はまさにその時に、存在とは別様にを、あるいは存在の他を、それらがすでに――自らを裏切って――存在の存在すること(*essence*)として現れてしまっている主題の外で取り出そうという意図でなされている探求に役立っているが、しかしそれらは、やはりその主題の中で現れてしまうのである。(AE, p. 7／二八―二九頁)

「存在の他」は、それを語り存在者化することによってしか、哲学的に扱うことはできない。このジレンマはいかに切り抜けられるのか。

存在とは別様に、は語ることにおいて言表されるが、その語ることはまた前言撤回される(se dédire)ことで、そのようにして存在とは別様にを語られたことから引きはが

> さなければならない。というのもその語られたことにおいてすでに、存在とは別様にが別様な存在をしか意味しないようになり始めているからである。（AE, p. 8／三一頁）

主題化されてしまった「存在とは別様に」あるいは「存在の他」は必然的に存在に転落する。「前言撤回」はその転落した「存在の他」を否定するものである。しかし仮に撤回しても、「存在の他」を語る以外に哲学的に扱いようがないなら、再び同じことを繰り返すだけではないのか。「前言撤回」にそれ以外のどういう意義があるのか。

> 還元（réduction）とは語られたことの絶えざる前言撤回であり、語られたこと〔…〕によってつねに裏切られる語ることへと還元することである。（AE, p. 228／四〇四頁）

ここで言う「語ること」は「語られたことなき語ること」である。そこでは私は現実に語ることに先立って、語る相手である他者の顔にさらされているのだった。対話において語られたことは他者との関係を起源にもっている。つまりレヴィナスの考えでは、「存在の他」との関係を有している。「前言撤回」とは「語られたこと」を「語られたことなき語ること」へと還元する操作である。

しかしながら語ることが保っているこの「存在の他」との関係は、語られたことにおいて隠蔽されてしまう。

> 語ることと語られたことの相関関係のうちにある語られたことは、志向的作用のノエマとして理解される。言語は狭くとられ、思惟だと理解される。すなわち話すことを条件づける思惟だと理解される。(AE, p. 59／一二一頁)

引用の第一文は、伝統的哲学の犯した誤解を指摘している。語られたことという言語的なもの（言語の意味する内容）が、意識対象（ノエマ）として、すなわち必ずしも言語を必要としないものとして理解されることをいっている。レヴィナスによれば、語ることという言語的な働きが存在者を成立させているのだが、伝統的哲学はそういう経緯を忘却している。言語的なものは思惟の表現手段に過ぎないものだという誤解のもと、存在者を成立させる言語の働きが、思惟の働きによるものと見なされてしまう（第二文）。さらに同じ誤解から、むしろ思惟が言語の条件として位置づけられる（最後の文）。語ることとは思惟されたことを表現することであり、思惟こそが言語の条件だ、というわけである。ところで、その思惟とは他者との関係を必要としないものと想定されている。つまり存在者成立にかかわる他者との必然的かかわりが、まったく付随的なものとして理解されてしまうのである。始原の他者関係は隠蔽され、不要なものと位置づけられる。

「語られたこと」の「語ること」への「還元」とは、この、始原の他者との関係へと立ち戻らせることである。それが哲学の真の役割である。「哲学的言語は語られたことを語ることに還元する」(AE, p. 228/四〇四頁)。だから「前言撤回」とは――より正確に規定し直せば――こういう「還元」のために、まず「語られたこと」への安住を断ち切る準備作業であろう。

2 他を語る方法

「存在の他」を「存在」化することなく「存在の他」を語ることはできない。この矛盾した事態を、レヴィナスは懐疑論の営みと重ね合わせて考えている。

懐疑論は哲学の誕生とともに始まり、哲学の歴史のなかで繰り返し現れた。哲学は真理を求める。それに対して懐疑論は真理一切を疑う(ひとつひとつの真理を疑うのではなく)。懐疑論者はいろいろな形で真理一般に根本的な疑いを向けてきた。いちばん素朴な懐疑の例は、知識の主観性を根拠に、「真理」と呼ばれているものは単なる主観的認識に過ぎず、事柄の実像に私は決して到達できないのではないか、という疑いである。これは真理一般の可能性を疑いにかける懐疑である。

しかし、このような懐疑には次の反論が可能であろう。「人間は真理に到達できないという主張は、それ自体ひとつの「真理」という資格のものとして主張されているのではないか。だとすれば仮にその主張が正しい場合、少なくともひとつの真理を私は知っていることになり、まさにそのことによって「真理は一切知りえない」という懐疑論の主張に矛盾する」と。あるいはまた次のような批判も可能である。「あなたは私に「真理は一切知りえない」という主張を述べた。しかし、あなたが私に語りかけるのは、あなたがあなたの目に映る私の像を真実の姿を伝えるものと理解し、私が本当にここにいると信じたからであろう。ところが、あなたの主張によれば、人間は真理などとらえられず、目に映るものも見せかけに過ぎないはずである。だとすれば、あなたは私にあなたのこの主張を語りかけることによって、あなたが本当にはこの主張を信じていないという馬脚を現しているか、それともあなたの主張を主張するというその行為自体によってその主張を否定しているか、どちらかである」と。

懐疑論にはいろいろなヴァリエーションがあるが、基本的にはほぼ、右のように、懐疑論を主張することが直ちに自己矛盾を含むという仕方で論駁できる。こうして懐疑論は繰り返し現れては、論駁されてきた。次の引用はそのような事情を語っている。

> 哲学は哲学に影のようにつきまとう懐疑論から解放されることはない。哲学は懐疑論を論駁してその影を追い払うが、結局すぐに懐疑論が哲学の足跡をつけてきているのに気づく。決定的なことばは哲学の側にあるのではなかろうか。ある意味ではその通りである。というのも西洋哲学にとって、語ることは語られたことに汲み尽くされるからである。しかし、懐疑論はまさに語ることと語られたことを区別し、両者の間に隔たりを置こうとする。懐疑論は論駁可能である。しかしまた亡霊のように戻ってくるものであ

る。（AE, p. 213／三八一頁）

右にいう「哲学」は、「存在の他」を求めることを忘却してきた西洋の「正統的」な哲学を指す。そういう哲学の求める真理は、言語化され証示された真理であり、「語られたこと」である。懐疑を語ってしまうなら、懐疑も語られたひとつの真理となり、そういうものとして真理の秩序に組み込まれてしまう。そうなると懐疑は端的に矛盾する。しかし懐疑が目指すのは、真理としての己れではない。真理を否定しつつ、その真理に代わる新たな真理にならないこと、それが懐疑の生きる唯一の道である。つまり真理を否定する語ることとしての次元にとどまらなければならない。同じように、もし「存在の他」を語るなら、それは当然語られたことのうちに転落し存在化されるが、「存在の他」はその語られたこととそれが表す対象としての存在者で尽くされたと理解してはならない。私が「存在の他」を実際に語る以前にそれに曝されていたときの（「語られたことなき語ること」がかかわっていた）「存在の他」は「語られたこと」となったそれには尽くせないものをもつ。つまり一種の懐疑論であるレヴィナスの論議を端的な矛盾としないためには、語ることの秩序と語られたことの秩序の差異を確保することが必要である。この試みは語られたことの秩序においては自己矛盾でしかない。しかし自己矛盾に見えるのは（語られたことなき）語ることを語られたことの秩序に吸収させてしまうからにほかならない、と彼は考える。

懐疑論の発言はもろもろの真理を遮《さえぎ》りその失敗を宣言するが、ひとはそのもろもろの真理をそれらを否定する懐疑論の真理と同じ水準に位置づけてしまう。これはまるで真理の可能性の否定がこの否定によって再検討されているまさにその秩序に従って並べられるようなものだし、また、あらゆる差異が抗し難い力で同じ秩序のうちに吸収されてしまうかのようである。しかし、真理の可能性に抗するということは、まさに秩序の、水準のこの統一性に抗するということなのである。（AE, pp. 213-214／同頁）

われわれが見てきたレヴィナスの方法論的考察で目指されているのは、（顔を感じさせる）他者の他性を表現する方法の獲得である。語ることは他者の他性にさらされているが、その他性は他者について語り、他者を語られたことにする過程で必然的に裏切られるという。しかしその裏切りとは具体的にはどういうことで、どうしてそれは避けられないのだろうか。いつものことだが、レヴィナス自身の論議は専ら抽象的なレベルで進んでおり、またこういう問題をたてて整理した形で論究を進めることはしていない。われわれの手で、彼の錯綜した論議の道筋を整理しつつ、彼の論議のなかにこの問いへの答えを見いだすしかない。

『全体性と無限』において、顔を感じさせる他者は同化できないものであった。『存在の彼方へ』で「同」という表現が使われることは多くないが、語られたことによって存在へと取り込むことも、同へと取り込むことと見なしうる。『全体性と無限』では他者が同化できない理由のひとつ目は生活世界における他者の非対象化的現れにあった。そして学問は生活世界レベルでの他者の（同化されない）非対象化的現れを前提するという理由で、学問的レベルでの同化も不可能であった。一方、『存在の彼方へ』はこのような論議の筋道をとらない。他者はどのように語られようと（生活世界レベルでも学問レベルでも）同化されざるをえない。しかしながら同化することは他者の他性を奪うので他者にふさわしくない。それゆえ他性の回復が（懐疑論的方法で）図られねばならないのである。

だが、同化が他性を奪うといっても、何を「同」とし、何を「他」とするのかはある意味では定義の問題である。だから対象化しつつ語ることが同化し他性を奪うことだということ自体について争っても仕方がないかもしれない。しかし——同様の論議は第I部でも述べたが——少なくとも「同化」ということばを使うことが無意味でないためには、私のすべてのかかわり方が「同化」と規定されるのであってはならない。「同化」と根本的に対立するかかわり方が可能でなくてはならない。

レヴィナスは「同化」ならざるかかわり方を、私の受動性によって特徴づけ、能動的なかかわり方としての「同化」と対比させることで両者を区別している。「同化」ならざるかかわり方として、彼は「語られたことなき語ること」を提示する。

彼は「語られたことなき語ること」の受動性を繰り返し強調している。（語られたことなき）[3]「語ることは〔…〕受動性の誇大化（hyperbole）」（AE, p. 63／一一七頁）だという。ここで「誇大化」というのは前章で触れた「誇張（emphase）」と同じことを指す。つまり他にかかわる受動性は通常の「受動性」概念をこえたものであり、そのことを表すためには通常の受動性を極限まで押し詰めたものを想像することによって初めて近似的な仕方で理解されるようなものだということである。一方、「語られたことは知のもっとも深い能動性」(AE, p. 78／一五五頁) だという。ここでいう「語られたこと」は「語られたことの相関者である語ること」つまり「語られたこと」を語る「語ること」だと理解してよかろう。その意味での「語られたこと」は能動性としてとらえられる。

「(語られたことなき) 語ること」の本質をなすこの受動性こそ、「語られたことの相関者である語ること」(つまり「語られたこと」) とのもっとも根本的な差である。純粋な受動である「(語られたことなき) 語ること」は、実際に語ることをしない。だから顔を感じ他者へと暴露されていても、他者をしかじかのものとして語ることはない。つまり、「他者は尊いもの」であることは間違いないが、「他者は尊いもの」と語ろうとすれば、私は能動的な「語られたことの相関者である語ること」の段階に進まざるをえない。「本書で最初から探求されてきた存在とは別様には、われわれの前に翻訳されるや否や〔…〕語られたことのうちで裏切られてしまう」(AE, p. 8／三〇頁)。「尊い」というような規定、あるいは「私に責任を課すものである」というような規定も含め、すべてが「存在の他」への裏切りなのである。なぜならレヴィナスの考えでは、語られたことを用いて語ること (語られたことの相関者である語ること) は私が「存在の他」を対象化して、それに能動的にかかわることだからである。それは他に手を加え、同に組み込むこと、「存在者」として対象化することなのである。

受動性を強調する理由は、何らかの形で能動的な私の働きかけが介入すれば、他なるものも私の働きかけによって成立するものになってしまう恐れがあるからであろう。それでは絶対的に他なるもの（「存在の他」）だと言いにくい。『全体性と無限』では、絶対他とのかかわりにおいてこれほど明瞭に私の能動性が排除されてはいなかった。「絶対他を語ることはそれに能動的にかかわることであり、絶対他を同化することだ」という問題意識は欠落していたといってよい。『存在の彼方へ』においては受動性を強調することでこの限界を乗り越え、他性を徹底化して理解しようとする。

語ることの受動性において受け取られた「存在の他」は、主題化され語られたことのうちにとらえられると裏切られてしまう。それは「他なる存在」に転落する。「存在の他」は語られたことのレベルでは「存在しない」ものとして無視されるか、「他なる存在」として存在の論理の中に取り込まれてしまう。いずれの場合も存在の秩序は完結していて、その中からはその外を考える必要もないし考えることもできないものとして排除できる。こうして確保された存在の秩序に安住するのが伝統的な哲学のやり口であった。

論理的には——すなわち語られたことのレベルでは——「「存在の他」などない」という論議を退けることはできないのである。反論すればその反論が相手の論旨の正当性を示すだけの、この語られたことの罠。それへの抵抗は、語ることの直観を、あえてそれを裏切りつつも語られたことに翻訳し、それを通じて語ることを喚起するという、懐疑論的な試みしか可能ではない。先に引用した箇所で、レヴィナスが「懐疑論はまさに語ることと語られたことを区別し、両者の間に隔たりを置こうとする」と述べていたことを想起しておきたい。もちろん、自己矛盾を犯しながらでしか語れない懐疑論は、「存在の他」を論証できるわけはない。語ることは語られたことに「痕跡（trace）」を残すだけである（AE, p. 62n. ／四二二頁）とレヴィナスは言う。そしてその「痕跡」とは次のようなものである。

> 痕跡の輝きは謎を秘め、曖昧であるが、これは〔現象の現れとは〕別の意味においてそうなのである。このことが痕跡の輝きを現象の現れから区別しているのである。痕跡の輝きは論証の出発点として役立つことはないだろう。論証は痕跡を容赦なく内在と存在のうちに引き込むことになるからである。（AE, p. 15／四四頁）

語ることと語られたことの間に横たわる深い溝が、語られたことを起点にして論証によって語ることにさかのぼる試みを拒絶する。私は自分が「存在の他」にかかわっているということを論理的に確証できない。その意味で「存在の他」は「謎」である。また、「現れ」がしかじかのものとして同定された現れのことを意味するかぎりで、「存在の他」は「現れ」でもない。

『全体性と無限』では〈学問は倫理を前提する〉という主張を機軸に、他を圧殺する同の企てとしての伝統的哲学を論証によって退け、絶対的に他なるものを取り出そうとしていた。

しかし絶対的に他なるものが証示できないということを自覚した『存在の彼方へ』では、伝統的哲学を論証によって退けることも断念せざるをえない。懐疑論は哲学を退けるのではなく、せいぜい哲学の同の論理の底に別の可能性を透かし見ることができるだけである。われわれは本書第Ⅰ部において〈学問は論理を前提する〉という主張が『全体性と無限』の論理構築のなかで重要な役割を担っていることを指摘した。しかし『存在の彼方へ』では、この論議はもはや見られない。この原因はひとつには論証の放棄という今述べたレヴィナスの姿勢の変化に由来するものと考えることができる。

また、右の主張の放棄は体系性の放棄とも関連している。この主張は学問の体系という構想を背景にもっている。この構想は確実な基礎学としての基盤に立って、論証に基づいて諸学を展開し、その上に築き上げていくことを目指す。しかしながら『存在の彼方へ』の理解によれば、「第一哲学」とされていた倫理学は、「謎」であり論証などできない「存在の他」にかかわる。このことは論証による体系的学問構築のプログラムを不可能にする。そして〈学問は論理を前提する〉という『全体性と無限』の主張も、そのプログラムの支えとしての核心的な地位を失ってしまう。

一方、シュトラッサーはその著作のなかで、『存在の彼方へ』でも「倫理学に基礎づけの役割が帰せられている」(Strasser 1978, S. 223) とか、「いかなる形態のものであれ、存在の理論は今や〔つまり『存在の彼方へ』では〕不十分なものとして拒絶されるが、それは基礎倫理学の名においてである」(同所) と書いている。たしかに――第十一章で詳しく見るように——知を倫理が「基礎づける」という形式の論理はなお中心的な論議である。また、たしかに〈学問は倫理を前提する〉という主張を表面的に字義通り理解するかぎり、必ずしも誤りであるわけではない。だが、ここで言う「倫理」は一般の倫理ではなく顔に基づく倫理でなければならない。しかし顔に基づく倫理が学の前提だと示すことに『全体性と無限』は失敗していたし、『存在の彼方へ』はそのような論証自体が不可能だということを自覚するに至った。「存在の他」に関しては論証は不可能だし、それに基づいて体系的学を築くことなどできない。ところが「存在の理論」に代わる「基礎倫理学」というシュトラッサーの表現はそのような体系の基礎学を示唆しており、あまりにも誤解を招きやすい表現だといわざるをえない。

たしかに『存在の彼方へ』執筆後の一九八二年に、レヴィナスは「第一哲学としての倫理学（Éthique comme philosophie première）」という題で講演を行なっている（Lévinas 1998所収）。しかしそこでは体系的な学の礎石を倫理学が担うべきだと言っているのではない。存在という一切の基底と見なされていたものを倫理が支えているということを主張しているのであり、むしろ存在論を基盤とする学の体系を、それに先立つものを指摘することによって揺るがすことに主眼がある。だが、これは存在論の体系の論破ではない。学が「存在の他」に基づいていて体系の基盤が不確実なものである可能性を懐疑論的に示唆するだけである。

ペパーザークは「第一哲学」という語をレヴィナスの全思想を貫く標語として選んでいる

が、特に『存在の彼方へ』以降の思想にも適用する場合には、ペパーザークが以下の引用で述べているような広い意味で理解するしかないだろう。彼によれば（レヴィナスの言う）「「第一哲学」というのは理論のもっとも「根源的」で「基底的な（radical）」次元であり、根源的なものとしてほかのすべての次元に先行するはずの次元」（Adriaan T. Peperzak, "Preface", in Peperzak (ed.) 1995, p. xi）だという。ここでは「第一哲学」は必ずしも必然的理論構築によって一歩一歩積み上げられる体系的学の礎石を意味するわけではない。一九八二年にレヴィナスが「第一哲学」という語を使ったときの用法もこのようなものと考えてよいだろう。

さて、ここまでの論議は、「もし絶対的に他なるものがあるならば」（「ある」と言えないものとしてあるのだが「ある」と言わざるをえない）という仮定に立って、その叙述の方法的問題を論じてきた。

次にわれわれは、こういう方法的問題から実質的な論議へ足を踏み入れねばならない。つまり絶対他は単なる仮想の産物ではなく「ある」と言えるのか、それはどういう形で「ある」のかというような論議を検討しなければならない。そこでは、今まであえて論じることを先延ばししていた重大な疑問に取り組まねばならない。

例えば、次のような疑問である。

①「存在の他」は「しかじかのもの」としては与えられない（そういう与えられ方は「語られたこと」によって対象化することになる）というのだが、では、それはどのように与え

られるのか。「しかじかのもの」として対象化されない与えられ方など可能なのか。②レヴィナスは「存在の他」を『全体性と無限』と同様『存在の彼方へ』でも、倫理事象において「現れる」ものとして理解している。しかし倫理においても、「存在の他」への通路である「語ること」に特有の「受動性」は可能なのだろうか。通常われわれが他者に倫理的にかかわることにおいては、能動的なかかわりが不可欠ではないのか。例えば自由は倫理の不可欠の条件であるように思われる。

だが、これらの疑問はともに、「感受性」というレヴィナスの概念をふまえなければ十分に論じられない。したがって、次章では実質的な論議に入るのに先立って、まず「感受性」概念の紹介、検討を行なうことにしたい。レヴィナスは感受性という受動的な他の受容能力に、「存在の他」への受動的関係の可能性を探るのである。

注

(1) 例えば「語られたことは知のもっとも深い能動性である」(AE, p. 78／一五五頁)。ここでは「語られたこと」が私のあり方を指すことは明らかである。

(2) ただし、essence には動詞的ニュアンスが強く込められている (AE, p. ix／七頁)。

(3) 先述のように、「語られたことなき語ること」というこの典型的な「語ること」をレヴィナスは簡単に「語ること」ということも多い。次の引用もそうである。

第九章　「感受性」と「語ること」

1　感受性

「感受性（sensibilité）」とはまず、受動的に感覚する能力である（「感覚」と訳してもよかろうが、「感覚」は「感覚されたもの」も意味するので、「感受性」という訳語を使う。誤解のおそれがないときは「感覚」と訳すこともある。なお、動詞（sentir）には「感覚すること」という訳をあてる）。フッサールの『内的時間意識の現象学』（Husserl 1928（1966）. この著作の元となった講義がなされたのは一九〇四―〇五年）を中心に、比較的早い時期のフッサールを援用しながら、レヴィナスは論じている。もっとも典型的な感受性である、物の属性としての感性的性質を感覚する場合を例にとろう。感性的性質を感覚するときにはまず、感受性に与えられる受動的所与がある。「感覚すること」とはその所与の受容である。受動的に与えられる所与はヒュレー（hylē）素材）と呼ばれる。感覚することに続く次の段階で、意識はその素材、すなわちヒュレーに対して能動的に意味を与え、「赤い」等々の意味において把握したり、また意識対象と関連づけて「イスの赤」というように把握したりする。つまり素材に手を加えて対象知覚が成立する。

ただ、後のフッサールはこのような純粋な受動的ヒュレーという基層に自我の能動的な働きが加わるという見方をとらなくなる。むしろ、自我の能動的な働きが加わる以前に、受動的にすでにヒュレーは組織化されている、という考え方をとる（例えば『経験と判断』(Husserl 1939) 第一六節）。そもそも自我の能動性と、それが加工する素材としての受動的所与性という構図は、古い伝統的な考えを引きずっていて、知覚の現実にそぐわないのではないだろうか。われわれに与えられている事柄そのものに立ち戻れ、というフッサールの現象学の基本姿勢からいえば、このような考え方は第一に見直されるべきものではないのか。例えばメルロ＝ポンティは「感覚所与」（これはフッサールのいう「ヒュレー」と同じものと考えてよい）という概念自体に批判を向けている。メルロ＝ポンティによれば、そういうものは哲学者たちが外界から私に与えられているはずのものと見なした、理論的構築物に過ぎない。それは現実に私の知覚の中で現れるものではない。現実の知覚の中でのもっとも基礎的な要素はすでに、図‐地の分節、すなわち私に注目される主題化されたまとまりと、それ以外の注目されない背景との差異化された構造だという。

純粋に受動的なものとしての「感受性」とはこのように、ある意味で過去の遺物のごとく扱われていた考え方であるが、それをあえてレヴィナスは復活させる。その意図は「存在の他」への通路を確保するためである。レヴィナスは「誇張」に基づいて「存在の他」にかかわる際の私の受動性を強調するが、そういう極限的な受動性を見いだす可能性を、感受性という受動的な能力のうちに探るのである。

受動性としての感受性は、時間と結びつけて考えられる。レヴィナスはここでもフッサールの論議を援用し、それを換骨奪胎しながら話を進める。いかなる意識活動も時間の流れのなかで営まれる。その意味で時間の流れは意識のもっとも基本的な構造である。時間の流れゆきそれ自体には私はなんら抵抗することもできず、それは私に押し寄せ通り過ぎる。私はそれに対して全く受動的なままである。私の経験もすべてこの時間のなかで営まれる。感覚所与も、この時間のなかで与えられる。

今さっき知覚した物は、時間のなかで過去へと追いやられる。同じ場所を見て私が「さっきと同じものがある」と言うとしても、それを「同じもの」として判断するのは私であり、厳密には全く同じであるわけではない。少なくとも時間が違う。私の働きかけによって、時間の差異をこえて「同じもの」として存立する存在者が確立される。時間という私が抵抗しようのない受動的な差異化に抗して、私の働きかけによって確立されるのである。そしてこの「働きかけ」は、まだ意志的活動のような明確に能動的なものではないけれども、時間の受動性に比べれば能動的な働きと言うこともできる。

このような私の働きは時間の流れに対する抵抗だと言えよう。レヴィナスはその抵抗のなかでも最初の抵抗を、ほとんど私の関与のない形で自動的に営まれる「過去把持（rétention)」と「未来予持（protention)」に見て取る（AE, pp. 42-43／九〇―九一頁）。「過去把持」とは過ぎ去った直前の過去を想起という形でなく直接的に把握していることである。例えばメロディーは直前の過去の音を把握していないと連続的なひとつのメロディーとして聞けないが、そういう、意図的な想起によらない直接の過去の把握が「過去把持」である。一方、「未来予持」は、同様に、意図的、意識的な予期によらない、直接の未来把握である。手仕事をしている私は直後に何が起きるかを把握して作業を進めている。それは予期というような意図的、意識的なものではない把握である。そして過去把持、未来予持の基礎の上に対象の同一性——時間をこえた同一性——が確立され、こうして時間をこえて存立するものとしての存在者が成立する。また、個々の存在者は諸々の性質をもつが、その諸性質についても同様にして同一性が可能になる。

これら「過去把持」と「未来予持」は想起や予期とは違い、はっきりとした私の能動的意識的関与とはいえない。そこでフッサールはここで援用されているより後の時期には、それらを「受動的総合」の産物だと位置づけた。つまり能動的な自我の関与以前の活動であり、それゆえ受動的に遂行される私の活動だというのである。しかしながらレヴィナスはそれらが時間の流れやヒュレーの受容というような全くの受動性から一歩踏み出しているという点に注目し、むしろ「能動性」の端緒をここに見ようとする。

ひとつの対象を眺め回し、認識することも、時間的経過のなかでなされる。したがって、もし過去把持や未来予持がその過程をひとつながりのものとしてつなぎ止めておいてくれないなら、受動的に与えられた瞬間瞬間の印象は何のつながりもなく、それらはバラバラのまま堆積されるだけになることだろう。したがって対象を同一のものとして同定するためには、過去把持と未来予持が前提される。

レヴィナスがここに「能動性」の端緒を見ている点に対しては疑義が呈されるのも当然である。だが、レヴィナスは「誇張」の手法に従って「受動性」を限界まで突き詰めることを目指している。そのためにいささかなりとも純粋な「受動性」とは言いがたいものはすべて「能動性」のうちに含められる。

2　言語と存在者

前章1で見たように、この存在者成立のレベルにおいてレヴィナスは「語られたこと」（語られたことの相関者である語ること）の介在を示唆する。

> 存在者の同一性は〔…〕語られたことの相関者である語ることに目を向けさせる。その語ることとは、存在者の同一性を理念化し、そのようにして存在者を構成する。またそれは流れ去ってとり返しがつかないもの（l'irréversible）を回収し、時間の流れを「あるもの」に凝固させ、現在に固定されたその「あるもの」を主題化してそれに意味を与え、それに対して態度をとり、またそのものを再現在化〔表象〕（re-présentant）し、そうして時間の変わりやすさからそれをもぎ離す。（AE, p. 47／九八頁）

なお、「表象する」とはノエマとしての意識対象をもつことである。さて、ここでははっきりと、時間の受動的な流れに抗するものとして存在者の同一性が位置づけられている。そしてそれが語られたことの相関者である語ることの働きに帰せられる。しかしこの場合、言語は不可欠だと言えるだろうか。というのも言語を知らない動物でさえ、あるものをそのものとして同定していることは明らかだと思われるからである。

例によって、こういう疑問に対してレヴィナス自身が明確な答えを与えてくれはしないので、彼の文脈からできるだけ彼に好意的な解釈をとりだす努力をしてみよう。まず言えるのは、この問題をそれだけで孤立させて論じるべきではないということである。レヴィナスの意図は、「存在の他」にかかわりをもつ倫理的な私のあり方を分析することにある。感受性の分析は、対象化しつつ存在者へとかかわるかかわり方と根本的に異質なかかわり方として、「存在の他」へのかかわり方をとりだすための論証の一環である（レヴィナスは「存在の他」は感受性において与えられると言うのである）。私はすでに同の運動を推し進め自我を確立している。倫理をもちうるのも、こういう私のみである。存在者の成立にことばがかかわっているとレヴィナスが言うときには、そういう同の運動を推し進めている私を念頭に置いて語っているのであって、倫理をもちえない動物のことなど問題外である。

たしかに言語習得以前でも――教えの論議で見たように――人間は倫理的でありうるのかもしれない。しかし、少なくとも倫理や言語を改めて問い返すわれわれにとって、言語はその習得以前の段階に立ち戻って物事を考えることもできるような、任意の条件ではなくなっている。むしろ言語というものを基盤としてしか物事を考えられないような、そういう必然化した条件へと言語は転化している。

そして「諸民族によって話された歴史的な諸言語が〔…〕さまざまな主題化されたものを思いのままに方向づけ分極化する」(AE, p. 46／九六頁)。つまり私は私の母語によって世界に意味を与え直し再組織化している（そのため言語ごとに世界の意味分節の差も生じてくる)。

言語をもつ私の体験世界では、先に見たような時間をこえた存在者が成立しているだけでなく、言語を介して、体験世界がより以上に理念化されたものになっている。たとえば私が物を見る見ないにかかわらず物が客観的に自存することを私は信じている。この物は客観空間、客観時間のなかに座を占めるものと理解されている。この私の体験をこえた客観的自存性という概念は他者との間主観的な交流によって生じたものである（第五章3)。

幼児は物が私の体験をこえて自存するという認識を生まれつきもっているわけではない。このことは心理学的に確認された事実である。つまり「物」というような存在者概念自体は不変のものではなく、間主観的交流を経た客観性概念の成立などによって構築し直されたものである。客観的自存性は少なくともわれわれにとっては「物」という存在者概念のかなり本質的な要素だといえる。だから、もしそれまでが言語を介した他者との交流によって成立するものであるなら、存在者の成立の最基底にさえ言語が介入しているというレヴィナスの発言もあながち理解できないものではない。厳密に論証できるほどの論拠をレヴィナスが提示できるとは思えないが、私が理解しているような存在者が成立する前提として言語が働いている可能性は大いにある。

3　隔時性

なお、今見た理念化の働きは「同」の傾向の如実な現れだと言える。時間の流れを被ること、および感覚所与を受容することというもっとも受動的な意識のあり方に対して、同の働きが加わって存在者を能動的にうちたてる。そして存在者を客観的時間空間という、私への現れに拘束されない、一種の理念的時空内の存在へと高める。こうして受動的に私が被る他なるものは、理念化されるにつれて私に同化吸収されてしまう。

レヴィナスはこのような他の同化を時間性の観点から「共時化（synchronisation）」と呼んでいる。過去は私の前から流れ去った他なるものである。未来は私の前にはない他なるものである。それらはまず、私の支配の及ばない他として私から隔たってある。こういう時間性における隔たった与えられ方を「隔時性[1]（diachronie）」と呼ぶ。私はその隔たりを過去把持、未来予持によって現在の存在者のもとにまとめ、取り戻す。さらに予期や想起という手段、言語的記録、他者の証言、伝承、等々で隔たりを取り戻す（現実には取り戻すことはできないことが多かろうが、原理上取り戻すことができる）。

語られたことにおいて示される時間の時間化はたしかに能動的な自我によって回収される。能動的自我は過ぎ去った過去を記憶によって想起させ、あるいはそれを歴史書を編纂することで（dans l'historiographie）再構成し、また想像や予期によって、未来を予想する。（AE, p. 66／一三二頁）

このようにして「隔時的」なものが現在のうちに取り戻されて共時的なものになってしまうのである。

一方、このような隔時性とは異なり、「どのような共時化も拒む隔時性」（AE, p. 11／三七頁）があるという。

他人への責任はあらゆる現実的な現在、表象された現在を越える。他人への責任はそのようにして始まりなき時間に属す。（AE, p. 66／一三三頁）

他人への責任は私の関与において、私の決断において始まったのではありえない。私がそのうちに置かれている無制限の責任は、私の自由の手前から、非現在で「あらゆる思い出に先立つもの」から、「あらゆる完成の後」から〔…〕来る。（AE, p. 12／四〇頁）

他者への責任を私に課すのは顔である。しかし私が今、他者の悲惨を目にし、顔を感じているとすれば、顔とのかかわりが現在生じていることも疑いようがない。だとすると、どうしてそれを「隔時性」と呼べるのか。それは顔の独特の与えられ方に基づく。

隣人の顔は表象から逃れる。それは現象性の欠如そのものである。（AE, p. 112／二一二頁）

顔はどうして表象できないのか。もちろん、ここにいる人間としての他者を見、その表象をもつことはできる。しかし他者は「裸」だと言われていたように、私が他者に対して負う責任は、そこにいる他者のいかなる客観的現実的条件からも説明できるものではない。そういう意味で、顔、すなわち私に無制限の責任を迫る他者の要求は、そこに現れ表象できる現実の他者に尽きるものではない。顔はその意味で「現象性の欠損」である。顔が「それ自身の痕跡」（AE, p. 115／二一八頁）だと言われるのもそういう意味においてである。私の目に映っているのは、私の感じている無制限の責任を説明してくれるものではなく、せいぜい顔の「痕跡」にすぎない。

現象と顔の間のこのズレが、他者への責任の隔時性の内実をなす。表象されている他人の諸条件から顔を説明しようとする試みは、他を同に基づけ、前者を後者に取り戻そうとする試みである。その試みは顔を現在のこの他人の現象に基づけようと試みているという意味では、「共時化」とも言える。しかし、前章2で触れたように、「痕跡」とはそれをもとに痕跡を残したものを証明できないようなものの名称である。つまりこのようにして顔を現在の現象に基づけようとする試みは、顔を裏切ることになるだけである。顔に関しては「共時化」を拒む隔たりが残るのである。

なお、共時化できない顔の隔時性について、レヴィナスは過去性を示唆する表現をよく行なう。しかし三つ前の引用（AE, p. 12からの引用）に見るように、隔時性を未来性として扱う箇所もある。いずれにせよ重要なのは、過去や未来をこえるものとして位置づけられているという点である。つまり、通常の過去や未来とは異なり、共時化を拒むもの、その意味で――比喩的に言えば――過去や未来のさらに彼方だという点が彼の言いたいことである。この意味で「存在の他」の隔時性は時間性と積極的な関連をもたない。

ところで、レヴィナスは他者への責任が「共時化」を拒むというとき、どのようなものを「共時化」の企てとして想定しているのか。そしてその企てにおいて他者への責任が隔時性の彼方に帰せられるということは、具体的にどういう倫理的意義をもつのか。

他者への責任は私の自由な行為に由来するものではない。つまり共時化可能な過去に由来するものではない。しかしながら私の自由によらない事実――たとえば男として生まれたという事実――でも、私がそれを事実として認め、それに態度をとることはできる。それはステレオタイプな男性像を肯定して生きることばかりでなく、それを否定して新たな男性像を自覚的に作ることでもありうる。ここで私の自由によらない事実はその事実に対する私の現在の選択（男性像の選択）のうちに一要素として組み込まれ、取り戻される。つまりその事実は現在へ取り戻され「共時化」されたかのように思える。私の自由に由来するわけでもない他者への責任についても、愚かしいと拒んだり「引き受け」たりという、現在の選択においてそれに態度をとり意味を与えることはできる。これが他者への責任の共時化の試みにあたるであろう。

しかしながら「選び」は「選ばれた者によって引き受けられるものではない」（AE, p. 19／五一頁）という。選びはそれを引き受けたり拒んだりという仕方で、それに対して私が態度をとれるものではないということである。つまり選びとは共時化を拒むものなのである。ところで私の他者への無制限の責任は選びによるものであった。したがって他者への責任も引き受けられないものであり、現在への共時化を拒むものだということになる。他者への責任は共時化を拒絶する隔時性に由来するとみなされていたが、そのことの具体的意味は責任を引き受けられないというこの事実である。

選びが引き受けられないわけはもう少し先で（本章5）検討するが、引き受けられないというのは「存在の他」にかかわる私の受動性の帰結ともいえる。引き受けやそれに基づく自由な選択が何らか能動的なものであることは疑いないから、レヴィナスの主張の通り私が受動的にのみ「存在の他」にかかわるなら、能動的な「引き受け」が許されてはならない。一方、『全体性と無限』では「無限責任」に見られるように責任とは引き受けの許されるものであった。この差は責任にかかわる際の受動性についての理解の差に由来する。

4　他者の感覚可能性

レヴィナスは「感受性」という受動的通路によって、純粋な他へ、絶対他へと迫ろうとしている。

> 感受性は他への暴露である。(AE, p. 94／一八二頁)
>
> 隔時的で想起あるいは歴史の表象によっては取り戻せない過去、すなわち現在と通約できない過去に、自己の引き受けられない受動性が対応し、応答する(répondre)。〔…〕その応答とは責任(responsabilité)であり、隣人のためにかかってくる責任であるが、その応答がこの受容性、〔…〕この感受性において鳴り響くのである。(AE, p. 18／四九—五〇頁)

私は感受性を通じて「存在の他」へと暴露される。「存在の他」を感じることは責任を感じることであり、他者への責任(「責任(responsabilité)」と「応答すること(répondre)」の語源的つながりも示しているように、責任とはまず他者の苦境に対して応答する義務である)が感受性において感じられるというのである。

しかし感受性という受動性の極で「存在の他」への通路を求めようという彼のこの意図は、現実の裏付けをどの程度有しているのか。彼によれば「存在の他」へのかかわりは感受性におけるものだが、常識的には他者への責任はもっと「高次」の理性的なレベルのものだと考えられている。また、倫理的体験においては通常、他者の姿を見て顔を感じるように思われる。そうだとすれば、感受性というような低次認識層ではなく、知覚を前提として実現される、より「高次」の層——理性のレベルに限らないとしても——で他者への責任が感じられるのではないか。この種の疑問にレヴィナスはどう答えるのか。

ここでも、われわれは明確な答えをレヴィナス自身の論述から引きだすことはできない。「存在の他」を感じる感受性とは別種の感受性である「享受」を手がかりとして独自に考えてみたい。

「享受」は『全体性と無限』にも出てきた概念である。『存在の彼方へ』では「享受」も感受性のひとつだという。『全体性と無限』で享受は専ら「支えなき純粋性質」としてのエレメントの享受として考えられていた（本書第三章2参照）。まさに感受性における非対象化的な存在者なき感覚と重なる。『存在の彼方へ』でも基本的理解は変わらない。だが、『全体性と無限』でもそうだったが『存在の彼方へ』でも、一見したところ対象化が関与するかに思われる享受について触れられている。

「眺めを享受する（jouir）」、「目で食べる」というような表現は単なる比喩だろうか

〔そうではない〕。（AE, p. 85／一六六頁）

眺めは視覚的対象化によって与えられるものだろうが、それが食物を味わうときのような直接的、非対象化的な他とのかかわり方をなす享受に与えられるというのである。この着想自体はこれ以上展開されていないが、われわれの目下の論議に手がかりを与えてくれる。

私が木々の緑を眺め、心地よさを感じるとき、私は「眺めを享受している」といえよう。この「心地よさ」はたしかに眺めという視覚的なものによって喚起されたものである。だが、心地よさ自身は対象として見られているものではない。また、視覚によって喚起されたとはいえ、同じものを見ればいつも心地よさが喚起されるというものでもない。私の精神、身体的状態に大いに左右される。むしろ心地よいのは眺めではなく私だと言ってもよい。私の生の味が心地よいのである。木々を眺めている私のなかに心地よさが喚起され、その心地よい生の味を楽しんでいるのである。

生は生自身を享受する。それはあたかも生が生を可能にするものによって身を養っているだけでなく、生自身によって身を養っているかのようである。〔…〕いかなる反省にも先立って、いかなる自己への帰還にも先立って、享受は享受の享受である。（AE, p. 92／一七九頁）

第三章2で見た労働の享受もこれに含められるだろう。もちろん、同じ節で触れた議論のエレメントの享受は他の享受であるが、それと並んでこういう生の享受がある。だが、これを「自己を享受している」と表現するなら不正確である。というのも享受が自己にかかわる仕方は、反省のように自己を主題化対象化する形でかかわっているのとは違うからである。感覚することとは、まさにそういう対象化的なかかわりに先立つものであった（エレメントの享受も対象化的な他の享受ではない）。感覚が生じるのは、外の対象とそれに対立する自己という両極が明確に区別されるその次元においてではない。その区別に先んじたところで、感覚は生じる。[2]

木々の緑を楽しむ私は、木々の対象知覚によって喚起された心地よさという（自己以前の）生の味を非対象化的な形で味わう。だとすれば仮に心地よさを喚起したものに私が主題的対象化的にかかわっているとしても、感受性としての享受のあり方には副次的な影響しかもたないと言えよう。

「存在の他」を感覚することも享受からの類推で考えることができそうに思える。たしかに他者を視覚的に見ることが責任を喚起することがある。しかしこの場合でも、責任とは私のうちに喚起された直接的な感覚——この感覚は世間一般には「良心の痛み」などと呼ばれるものである——であり、決して視覚的な像やそこに見えている現実の他人を対象とするものではない。他者への責任を感じることとは、私のうちに喚起された居心地の悪さや、やましさといった生の感覚——これは対象化された自己知ではない——を味わうことである。こういう一種の「道徳感覚」について、レヴィナスは傷や痛みという肉体的苦痛や、迫害（persécution）を例にあげて説明することが多い。

〔存在の他への暴露としての感受性は〕起源以前の「自己に休らわないこと」であり、「どこにいればいいのか」、「どうしていればいいのか」という迫害された者の不安であり、痛みの狭さ（dimensions angustiées）のなかで身をよじること〔…〕である。（AE, p. 95／一八三頁）

享受の場合と同様、反省的対象化的な自己知ではなく、苦痛、不安のような非主題的非対象的な一種の生の味である。それが他者の知覚を契機として喚起されたとしても、責任感覚自体は感覚的なもの、感受性が感覚するものである。

だが、これだけではまだ、次のような反問を跳ね返すには十分ではない。「右のように理解するかぎり、責任感覚が他者知覚を前提条件にするということにならないだろうか。レヴィナスによれば他者知覚は知覚であるかぎり私の能動的な対象構成が不可欠である。つまり、そのとき他者は同化されてしまっている。だとすると、そういう他者の同化としての知覚を前提する「責任感覚」は、仮に――今の論議が正しくて――「感覚」と呼べるにしても、もはや「存在の他」ではなく知覚において同化されてしまった他者にしか関係できないのではないか」――という疑問である。あるいはまた、同類の次のような疑問も生じる。

「享受には自己の享受があったが、それと同様に、「責任感覚」も自己の生の味を感じているだけではないか。仮にもともと「存在の他」が起源にあるとしても、感覚自体は自己の生の感覚としてそれから切り離して考えうる」。

しかしながら「存在の他」は「痕跡」としてしか与えられないものだったことを想起すべきであろう。たしかに私に間違いなく与えられているのは他者の表象だけである。それは「同」でしかない。そしてそこに見える他者のいかなる客観条件も、私との非対称性、私の無限責任を根拠づけない。しかしながら表象は私が他者を同化した残りかすに過ぎない。そういう同化されたものだけしか「存在しない」と言うのは、懐疑論をあざけり「存在の他」を排除する哲学のいつものやり口である。レヴィナスによれば他者の表象は「痕跡」の形で「存在の他」を伝えているのである。もちろん、そこに「ある」ものといえば、同化されてしまった表象しかない。しかも「痕跡」は論証の根拠にはならないものだから（第八章2）、痕跡を介して私のうちに喚起された責任感覚が「存在の他」に由来するものだということは立証しようがない。しかしそういう形でのみ、「存在の他」は私のうちに責任感覚（顔）を喚起する。

レヴィナスの立場から説明すればこうなるだろう。もちろん、これ以外の解釈も可能である。ここで事実として生じているのは、他者の知覚に続いて私の責任感覚が生じたということである。だから、①万が一「存在の他」が端緒にあるとしても、他者を表象へと同化する他者知覚に基づいて責任感覚は生じる。それゆえ責任感覚はもはや「存在の他」にはかかわらない（二つ前の段落の一番目の疑問の立場）。②また、責任感覚は他者知覚を契機とするにしてもそれとは別の意識活動であり、直接には自己を感覚するものである。だから百歩譲って知覚において「存在の他」がかかわっていたと認めるとしても責任感覚とそれとはかかわりがない（二番目の疑問の立場）。③これに対してレヴィナスは他者表象が「痕跡」としての役割を果たし、表象に組み込めない「存在の他」を私に伝え、責任感覚を喚起したと考える。

①、②は他を排除する同の論理である。これはまったく矛盾なく説得力ある論議である。なお、①、②のように考えたからといって、（少なくともそのことだけでは）他者への責任が強制力を欠いたものになったり、道徳を不可能にしたりというような難点も生じない。というのも、意志の関与できない意識下層において責任感覚が形成されたというような可能性が想定可能だからである。その場合、責任は（意志的）私からある意味で「独立」したものの、そのかぎりである意味での「客観性」をもつものとして与えられる。また、そうではなく、責任感覚に意志が関与できるものだとしても、意志的主体が自ら価値を形成するものという自覚の下にその価値にそって行動することは可能である。いずれの場合も、価値（義務、責任も価値の一種）は決して虚構になったり私の行動を導く意義を失ったりするわけではない。したがって、同の論理は価値、道徳を語りうるのであり、この点においても破綻していない。

一方、③はどうか。表象はレヴィナスによれば同化されたものであるから、それを介して

「存在の他」が伝えられるという点に疑念が残るかもしれない。だが、「痕跡」概念を提示する以上、彼は同化を被った表象も「痕跡」として他なるものを伝えうると考えていたはずである。もしレヴィナスの言う通りなら、（①に反して）他者知覚を前提しつつも責任感覚には「存在の他」への抜け道が残されている。もちろんその結果、単なる自己感覚ではないといえる（②に反して）。

この考えによれば他者表象は、表象それ自身としては同化されても、「痕跡」の役割を果たしうる、例外的な表象だということになる。たしかに、レヴィナスを批判して、「そういう例外などありえない」と論証することは困難だろう。かといって逆にレヴィナスを擁護して、「他者表象だけが例外だ」と主張するのも、あまりにご都合主義的な印象を与えることだろう。それに対して、①、②のように解釈すれば、ずっと説得力ある論議になる。

しかしながら、レヴィナスの論議が「存在の他」という論証によっては示すことのできないものにかかわっていたのだということをここで改めて想起する必要がある。他者表象は「存在の他」を表す痕跡なのかもしれないが、そうだと証示することはできない。私が選ばれたものだということを責任感覚は私に訴えており、それは真実かもしれないが、証示もできない。「存在の他」にかかわる論議はすべてこうなのである。証示しようとすれば、存在の他を存在に同化してしまうという罠にはまってしまう。彼が「懐疑論」という言い方で表現していたのは、このような事情であった。

他者表象が「痕跡」であるということ、そしてまた、責任感覚が単なる主観的なものでなく存在の他から触発されて生じたのだということ、私が無限責任を負うべく選ばれたものだということ、などなど、これらすべては容易に信じがたく、「根拠のない」主張である。だが、これらはひとつひとつ別の恣意的な主張ではなく、これらすべては、私が無限責任を負うべく選ばれた者だという、顔が与える直観――この直観内容自体、容易に信じがたいものだが――を首尾一貫させて理解するための主張であり、本書第I部で私が使った表現で言えば、顔の「現象学的道徳的規定」が、「形而上学的規定」等に（『全体性と無限』よりさらに徹底された形で）反映されただけである。つまり前記の事情は顔が与える直観のみを信じるレヴィナスの『全体性と無限』以来の基本姿勢の帰結なのである。

ところで、「存在の他」に「痕跡」を介して迫るレヴィナスは、現象学を放棄するのであろうか。「存在の他」はいかなる仕方でも現れないものであるのだから。しかしレヴィナスはこう言っている。

> われわれの分析はフッサールの哲学の精神を必要としている。〔…〕われわれが概念を提示する仕方は〔フッサール現象学の〕志向的分析に忠実である。志向的分析というものが概念をその現れの地平へと〔…〕引き戻すことを意味するかぎりにおいて。（AE, p. 230／四〇八頁）

現象学のいう「現象」は客観的所与に限られない。間接的にしか現れないもの、不在のものも、そういうものとして私に与えられているのであり、そのかぎりで「現象」として分析することができる。「痕跡」を介して私に与えられる「存在の他」も、そういう与えられ方においてのみ分析されるのであり、その与えられ方を離れて、何か別の回路で——例えば啓示や概念分析等で——そのものに迫ろうというような試みがなされるわけではない（ただし、間接的所与と「存在の他」は、後者に関しては痕跡を介してしか与えられないという点で、つまり論証によってそれを示せないという点で異なっている）。

しかしながらもちろん、論証もできない「存在の他」を扱う以上、今まで通りの現象学でありうるわけはない。少なくとも今までの現象学の何らかの形での超克は不可避である。

現象学的記述は隣人の暴露から、隣人の現れから出発するのであるが、痕跡のうちに隣人を読み取る。この痕跡は表象のうちには総合できない隔時性によって隣人を顔に任ずるのである。こういう現象学的記述が陥ったパラドクスに対応できるのは倫理的言語しかない。（AE, p. 120n.／四三一頁）

こうして現象学は一種の自己克服を迫られる。「現象学は倫理的言語に頼るが、それは自らの中断を記すためである」（同所）。「倫理的言語」とは、例えば「痕跡」や「顔」といった、「存在の他」にかかわるがゆえに現象としては記述できない諸概念であろう。こういう概念による現象学の自己克服は「存在の他」という特異な事象に——事象とは言えないような事象に——即すためなのであり、そのかぎりで事象に即すという現象学の基本姿勢自体の放棄を意味するものではまったくない。少なくともレヴィナスの建前上はそうである。

5　強迫

さて、「存在の他」への受動的なかかわりという「形而上学的規定」に属するテーマは、無限責任という「現象学的道徳的規定」に属するテーマと不可分の関係をもつ。「存在の他」にかかわる完全に受動的な感受性が「語られたことなき語ること」である。これは「語られたことの相関者である語ること」の前提である。前者について、無限の責任との関連が示唆される。

> 語ることは〔…〕あらゆる受動性より受動的である。というのも語ることは留保なき犠牲、無制限の犠牲だからである。(AE, p. 18／五一頁)

「語ること」と無限責任との関連は一見意外の感を与える。ことばでどうして無制限の犠牲や無限の責任が果たせるのか。まさにことばにとどまらず、身を切って初めて「犠牲」と言えるのであるし、ことばにとどまっていて「無限責任」を果たしたと考えることなど滑稽としか言いようがないように思える。

しかしながら「語ること」すなわち「語られたことなき語ること」は、現実にことばを発することではなく、それに先行する、他者への責任に受動的に身をさらすことであったのを想起しなければならない。責任履行以前の責任の感得のレベルなのである。ここで責任を感じたから、その責任を果たす努力が始まる。そしてその責任履行は必ずしもことばによるものに限定されているわけではない。

ただ、レヴィナスはこのような語ることが「コミュニケーション一切の条件」（AE, p. 61／一二五頁）だと述べていた。他者へ向けての実践的責任履行や、ごく一部の発話の条件になっているというならまだしも、無制限な他者への責任が他者へ向けての発話一般の条件だという主張には容易に理解しがたいものがある。しかしながらこの点については次章で扱うことにして、ここでわれわれは彼のいう語ることと無限責任との関連を――「一切の条件」という資格においてではなく――典型例に限って眺め、そこにどういう形で「存在の他」がかかわるのかをまず確認しておこう。

レヴィナスは「存在の他」への暴露の具体像を隣人による「強迫（obsession）」という概念を使って説明している。

> 他人への暴露とは〔…〕隣人による強迫である。すなわち自己に逆らう強迫であり、すなわち苦痛である。（AE, pp. 70-71／一四一頁）

> 強迫においては〔自他の〕差異は〔他者への〕無関心の不可能性として鳴り響く（frémir）。（AE, p. 105／二〇一頁）

「強迫」は普通は「強迫観念」などという形で使われる語である。「強迫観念」とは例えばついさっき手を洗ったばかりなのにまた手を洗わなければいけないという不合理な想念が強く迫ってくることであり、それに耐えかねてひとは不合理と分かっていてもその行為に駆り立てられる。何度も何度も手を洗い、日常生活に支障を来すほどになるひともいる。これほどまででなくても、戸締まりや火の始末など、われわれでも気になってたまらないことはある。レヴィナスは顔の要求を「強迫」という語で呼ぶ。つまりここで示唆されているのは、顔の要求が客観的合理的根拠を欠いたまま私を動かそうとする、ある意味で「不合理」なものだということである。レヴィナスは次のように述べている。

> 強迫は〔…〕意識のうちに異邦のものとして、アンバランスとして、錯乱として書き込まれる。（AE, p. 128／二三六頁）

レヴィナスは他者への責任について、私には「身代わり」というような極端な責任まで課せられていると考えている。身代わりというこの典型的事例において「強迫」を考えてみたい。自己の命を賭して他者を助けるというような異常な場面において、誰が確信をもってその行為に向かうことができるだろう。たまたま私が通りかかった火事場で、見知らぬ子供が燃えさかる家のなかに取り残されて恐怖に泣き叫んでいる。そのとき私は間もなく火に焼かれる彼を想像し、胸をかきむしられるばかりの耐え難さを感じる。身を犠牲にする必要などないという常識的倫理観と我が身可愛さを振り捨てさせるのは、助けに行かないではいられないという心情であり、決して合理的なものではない。

受動性は当然ここでも強調される。強迫は「引き受けることのできないもの」(AE, p. 110／二一〇頁)である。強迫を引き受けるとは、私の能動性においてその要求を肯定的にとらえ、実現すべき当為として位置づけることであろう。ここには私が引き受けたり拒絶したりする自由があることが前提されている。しかし私のこのような能動が許されるなら「存在の他」は同化されてしまう。強迫は自由な能動としての引き受けを許さず、私を一方的に圧倒するものでなければならない。

私は私に命令する権威を表象や概念によって内面化することもなく、外から命じられる――外傷的に命令される――ようなものである。そして私は次のように問うこともない。「この権威は私にとって何なのか」、「私に命令する権利は何に基づくのか」、「どういうことをしたから私は最初から債務を負っているのか」と。(AE, p. 110／二〇九頁)

なぜ問いかけることをしないのか。問いかけないというのは、私が強迫に反問することなく従容として従う、ということではないだろう。生身の人間である私が、どうして従容として死の危険に身をさらすことなどできようか。むしろ強迫は（少し前の引用にあったように）「錯乱」である。したがって直前の引用で述べられているのは、私が自分なりに納得ができる答えを得たから強迫に従うということではない。ここで述べられているのはむしろ、錯乱としての強迫にさらされている私には従わない自由はなく、やむにやまれず従うということだろう。「身を捨てても助けよ」という納得できない強迫が私の頭のなかに鳴り響き、ますます高まっていく。どうしてこの強迫が私にこのようなことを要求する権利があるのか、と問い返すことが仮にできても、納得できる答えは得られない。そして答えの有無とは無関係に、私に選択の自由は与えられぬまま、耐え難い気持ちが高まり、結局強迫に圧倒されて私は危険のなかに身を投じるのである。

なお、強迫に耐えかねて強迫に従う私は、自らを「他者への身代わりの責任を負うもの」として把握しているのではない。この種の「把握」はレヴィナスの忌避する「能動性」に属するものであろうから。自己の意味が外から押し付けられ、耐えきれずにそれを受動的に認めているだけのことである。(3) またもちろん、フッサールの理論的枠組のなかでは、このような自己の意味の受動的承認もやはり意味付与と理解できる。フッサールの体系に立つかぎり、レヴィナスが必死でここに引こうとしている能動、受動の境界を認めるわけにはいかない。しかしながら「懐疑論」的論議の役割は、このフッサールのようなそれ自身完結した理論体系を真っ向から論駁しようとすることよりも、その体系の下に別の解釈の可能性を透かし見ようとすることである。

ここまで一般の強迫との類推で顔の強迫について考えてきた。しかし、両者の間にはレヴィナスの気付いていない決定的な点で違いがあるように思われる。というのも、一般の強迫なら、それに従わなかった場合、強迫に耐えた自分の意志の強靱さを後になって評価することはあっても、そのことを後悔しはしない。汚れてもいない手を洗いたくなる不合理な強迫観念に耐えたとき、私は後で自分を褒めることはあっても後悔することはない。しかし顔による強迫はそうとは限らない。火のなかに飛び込めなかった自分を私が後々痛切な後悔をもって思い出すということもあろう（必ず後悔するとは限らないが）。一般の強迫に従って私は後悔するが、顔の強迫に従っても後悔しない（ことがある）。この評価の差は、強迫に駆られる私、不合理な感情に動かされる私の評価ではない。むしろそれを外から眺める私の理性による評価の差である。その評価は事後的に下される場合もあろうが、強迫のさなかに、「こんなばかなことをすべきではない」と自分に言い聞かせるという形で下されることもあろう。したがって、右の二つの事例における評価の差が意味しているのは、顔による強迫はそれ以外の強迫のような完全な不合理ではなく、少なくとも外からの理性的了解においては「正当性」を有しうるということである。

この差があるからこそレヴィナスも客観的根拠は挙げられなくても顔による強迫を倫理学の基盤に据え、私が他者の身代わりになるべきものだと主張することができるのではなかろうか。もしそれもなしに顔による強迫に賭けているのだとしたら、任意の強迫のひとつに賭ける極端な冒険主義でしかないように思われる。手洗いの強迫によって生活に支障を来しているひとは、自らの不自由な人生を肯定的に追認することはないだろう。

しかし顔の強迫が「理性的」評価において「正当性」をもちうるといっても、それは客観的根拠に基づいて正当だということではありえない。では何が顔による強迫の「正当性」を根拠づけるのか。

第二章で『全体性と無限』の「選び」について論じたときも、たしかに私が選ばれることの無根拠性は問題になっていた。私だけが非対称的責任を負うと理解することはばかげた信念ではないかと自問せざるをえなかった。しかし『全体性と無限』では私の受動性は強迫におけるほど強調されることはなかった。責任は引き受けたりその履行を拒んだりできるものである。その引き受けとは例えば、「選び」が履行を迫る行為を私が善なるものと信じて当為として身に引き受けるということである。しかし強迫においては、「善だから従う」という私の判断や私の選択の介在さえ排除されている。私は、手洗いの強迫に駆られて行なうのと同様、まったく受動的に――その行為の意義を理性的に否定しようと――それを行なわされてしまう。だとすれば――顔だけを倫理の源泉とするかぎり――、あとになって振り返っても「その行為は善だった」というような評価はできないはずである。強迫において現れる顔以外に、善かどうかを評価する手がかりはないはずであるから。もちろん日常の判断基準に照らすなら、それを合理的とか不合理とか評価することはできるが、そういう別の基準をもちこんで評価してはならない。つまり、顔の強迫は「善」でも何でもないといわざるをえないのではなかろうか。

このような理解はレヴィナスの「絶対的受動性」をこっけいなほど文字通りにとりすぎている、という反論が返されるだろうか。しかし彼は「感受性」という受動性の基底にまで倫理の座を引き戻そうとしており、強迫はまさにその「感受性」のひとつである。このことはレヴィナスが「受動性」を、能動的な意味付与やそれに対して態度をとることを一切許さないような性格の、文字通りの受動性としてとらえていたことを示している。つまり「善」だから従うというのではなく、そういう選択の余地なく従うのである。

あるいはそれとも顔の強迫は「善」だという性格だけは最初から備えているのだろうか。その場合、ほかの強迫とは異なる正当化の条件を備えていることになりそうに思える。——しかし「善だから従う」という選択の余地さえない私が認識する「善」とは何であろうか。自由な選択が不可能な行為について、善悪を論じても意味がないのである。そういう「善」など単なることばだけのもので、実践的意義はない。顔の強迫がそういう性格を備えもつことが仮にあっても、それは強迫に従ったことをあとから学問的に正当化する際にも、何ら意味をもたない。

レヴィナス自身は、顔の強迫と一般の強迫の差をあえて取り上げてはいない。だから顔の強迫が一般の強迫と違った「正当性」をもちうるのかという問いを自らたてることはない。だが、おそらく彼自身のなかで何らかの「正当性」が保証されると考えていたから、顔による強迫の「不合理性」にもたじろがずに論議を進めることができたのだろう。それはわれわれの右の論議からすると、こっそり密輸入された「正当性」なのだろうか。頭から決めつけることはできない。彼にとって顔の強迫の「正当性」を信じる理由になりうるいくつかの論点がある。以下、それらを詳しくひとつひとつ見て、本当に「正当」か否かを論じることにしよう。

6　神の選び

ここで、今まではできるだけ避けてきた「神」という語に触れないわけにはいかない。ただし、「序」で見たように、「神」に言及する場合もレヴィナスは証明の代わりに啓示を使うような無節操な形で論議を進めるわけではない。

私は「選び」によって他者に対する無限の責任を負わされる例外者であるのだが、そのように私を選んだのは誰なのか。もちろん、このような問いのたて方を拒否して、「選び」を誰かが選んだ結果と解釈するのではなく、単なる事実としてとらえることもできるだろう。つまり私だけがなぜか顔による強迫を感じ無限責任要求にさらされている、という事実として理解するのである。そう解釈してみよう。その場合、私は強迫にさらされているその瞬間はそれに従うしかないにしても、事後的にはその事実をもとに、顔の強迫を「従うべき善なるもの」として肯定したり、一般の強迫と同様、「従う必要はなかったが従ってしまった愚かしい要求」としてとらえたりできる。つまり、顔による強迫というその事実に意味を与えるのは私である。だとすると、ここで私は能動的意味付与を行なっていることになる。しかし『存在の彼方へ』の立場からすれば、このように顔による強迫という事実を、私の自由な意味付けを待つ単なる裸の事実として理解することは許されない。だとすれば、この立場からの「選び」の事実の理解としては、〈顔による強迫の事実に意味を与える何ものかが私に先行していて、私がそれを受容した〉というものしか許されないのだ。(4)

善は私の自由に対して差し出されるものではない。私が善を選ぶ以前に善が私を選んだのである。自分の意志で善良であるようなひとは誰もいない。(AE, p. 13／四一頁)

「善」と呼ばれているものは単に修辞的に擬人化された非人格ではなく、ほかならぬ私を他者に責任を果たすべきものとして選んだ主体だったとレヴィナスは考えている。つまりそれが「神」である。私に善なる行為を命じるのを神と考えるのは意外ではない。レヴィナスは今まで並外れた熱意をもって「存在の他」を探し求めてきたが、そのなかでもっとも勝義の「存在の他」として神が想定されていることが明らかになる。(5)

神は単に第一の他人ではない。そうではなく神は他人とは他なるものであり、他人とは別の仕方で他なのであり、他人の他性に先立つ〔…〕他性をもつ他なのである。

（Lévinas 1993, p. 253／三二五頁。『存在の彼方へ』（一九七四年）とほぼ同時期の一九七六年に行なわれた講義の講義録より）

ところでレヴィナスは神を語るとはいえ、神へは顔を介する通路しかないという。

〔神という〕無限者は〔…〕彼が私にそれに従うように命ずる顔を通じて間接的に命令する。（AE, p. 16／四七頁）

神が命じるのは顔の要求に従えということだけである。神は私を他者への責任を負うべく選び、顔への従属を命じることしかしない。神は他者や顔に何か別のものを付け加えたり、何か別の回路で私に命令を下したり啓示を与えたりするのではない。神も当然主題化されるものではないし、痕跡を介してしか与えられないものである。だから顔の告げる「存在の他」と同様、神も証明できないものである。

無限者は有限者が無限者の超越に対して行なおうとする証明によって否認されてしまうだろう。〔…〕超越はそれ自身の証示をやめさせねばならない。（AE, p. 194／三四六頁）

さて、本論に戻ろう。顔による強迫それ自体は正当性の根拠をもたないが、それにレヴィナスは賭ける。その賭けが単なる任意の強迫のひとつへの賭けと違うと言える理由は、それが神の選びの結果だからである。ただし神が本当に選んだということを証明することはできない。

ある意味では、神とは顔による強迫が真正のものであることを確保するための要請という意義をもつ。絶対に他なる支えがないかぎり、顔による強迫が、私が意味を与えたものになってしまうからである。そして神は顔の課す責任以上に何らかの事実を加えるものでも、証示可能なものでもないから、ある意味では理論的要請以上のものではない。

この「要請」は証明も反駁もできない。しかしレヴィナスにとっては、神ゆえに強迫はほかの強迫と異なるひとつの根拠を――証明できない根拠を――有している。ただし、レヴィナスの考えでも、強迫にさらされ行為を迫られているそのときは、強迫の背後の神ゆえに従うというのではない。この時点では強迫の耐え難さだけが私を動かすのである。しかしレヴィナスが事後的評価においてこの強迫を彼の哲学の根本に据え、そこから論議を構築していったそのとき、彼を支えていたのは神への信念であろう。

しかしながら、われわれはこのような信念を共有していない。では、われわれは任意の強迫のひとつに賭ける形でしか、顔による強迫に賭けることはできないのだろうか。つまり私が価値の創設者としてその強迫を自ら価値あるものとすることで、その強迫に賭けることしかできないのだろうか。それとも強迫を起点として、神に頼ることなく、単なる恣意でない倫理へ道が通じているのだろうか。

この点はまた、「存在の他」を追い求めて強迫まで至ったレヴィナスの研究のわれわれにとっての意義にもかかわってくる。「存在の他」を求めることが神を追い求める彼にとって意義があることは明瞭であろう。しかしそういう意図を共有しないわれわれにとって、「存在の他」の存立を示す――証明でない形で示す――ことに成功したとしても、そのこと自体では非常に限定された意義しかもたない。「存在の他」を暴く強迫が仮に倫理的なものだと言えるとしても、それが倫理一般にとって大きな意義をもつというようなことがないかぎり、倫理学にとっての意義は乏しい。

もちろん、レヴィナス自身も神だけを視野において論議を進めているわけではない。あくまで神は顔を通じて命じるものであった以上、倫理は神をもちださなくてもそれ自身として完結して論じうる学問領域なのである。彼はそういうものとして倫理学的に論議を進めようという意図をもっている。だからこそ、われわれもつい先程まで「神」ということばを挙げることのないまま論議を進めることができたのであるし、倫理学の論議としてレヴィナスを扱うことは見当外れでも不当でもないのである。

レヴィナスはこのような倫理学的意図をもって、強迫において極限まで先鋭化された顔に基づく倫理が日常的な倫理と密接な関連をもつこと、前者がある意味で後者の基礎にあることを論じている。この論議が正しいなら、強迫の倫理の分析は一般の倫理の分析の基礎学という意味をもつものとなり、神をもたないわれわれの倫理学にとっても彼の分析は十分に意義をもつと言えるだろう。だが、本当にそういう意義をもつと言えるのであろうか。論議の焦点はこの点にかかってくる。次章では、そこに目を向けたい。

注

(1) これは言語学の用語としては専ら「通時性」(「通時態」)と訳され、レヴィナスの場合と同じく先の「共時性(synchronie)」と対比して使われる語である。しかしレヴィナスの用語としてはこの訳語はふさわしくないので、合田訳に従い「隔時性」と訳す。

(2) なお『存在の彼方へ』の「自己」概念はこのような意味ではなく、顔の告発によって初めて成立する責任を負わされた私を指す(AE, p. 69／一三八頁)。われわれはここでは「自己」を一般的な意味で使っている。

(3) もちろん、強迫に従ってなされる行為は能動的であろう。しかし行為は強迫という感受性とは別のレベルの話であり、行為が強迫によって動機づけられてなされたという点は否定できない。

(4) 『存在の彼方へ』の立場からはこう考えるしかないが、例えばフッサールなら強迫も意味付与によるものと見なすだろう。そしてフッサールを論駁することはできない。ただ懐疑論的に、もうひとつの解釈の可能性に賭けることができるだけである。

(5) ただし、神が勝義の「存在の他」だからといって、今まで述べてきた「存在の他」はレヴィナスにおいてすべて神のことを意味するというわけではない。他者もまた「存在の他」である。

第十章　「顔」から「正義」へ

1　第三者から正義へ

『全体性と無限』および『存在の彼方へ』を検討してきた今までの論議は、一貫して、私が眼前のただ一人の他者に向かい合っている状況のみに限定して進められてきた。しかし現実には他者はそれ以外にもいる。ただ一人の他者への限定は、われわれが恣意的に加えたものではなく、レヴィナス自身が課したものである（そのほかの他者というこのテーマは『全体性と無限』で本格的に論じられることはないし、『存在の彼方へ』でも全六章の五章目でようやく論じられる）。捨象されていた、眼前の他者とは異なるもう一人の（ないし複数の）他者、それが「第三者（tiers）」と呼ばれる。この他者の登場が私と眼前の他者との倫理的状況を大きく変える。

第三者は隣人とは他なるものであるが、また別の隣人である。そしてまた、他なるもの

の隣人であり、単に他なるものの同類ではない。（AE, p. 200／三五七頁）

第三者も、顔を私に感じさせる隣人である。そしてまた、第三者が他者の隣人であり、つまり他者に顔を感じさせるものだということも言われている。後者の点は他者同士の関係なので後回しにして（次節で論じる）、さしあたり、第三者も私の隣人だというこの点に絞って考えていきたい。

他者が一人のとき、私がすべきことは単純であった。その他者に私のもつパンのすべてを捧げればよかった。しかし他者が複数の場合、それをどう分ければいいのか。単に平等に分ければいいというものではない。困窮の程度等を考えに入れて、私はパンを分配したり他者の間に優先順位をつけたりする必要が出てくる。つまりこの段階に至って他者たちの誰にどう尽くせばいいのかという「問題」を考える必要が生じてくる。

もし〔…〕私に他人一人だけが課せられるなら、問題など存在しないことだろう。（同所）

第三者の登場が、私に「問題」を課す。第三者と隣人という複数の顔の要求に対応するために、比較考量したり優先順位をつけたりすることが必要になる。比較は対象化せずには不可能である。つまり、顔が他者を対象化してはならないと命じていたのにもかかわらず、今、複数現れた他者たちの顔の要求に応えるために、他者たちを対象化する必要が生じてきたのである。『存在の彼方へ』でいう「正義（justice）」とはこのような複数の他者に対応するための倫理であり（『全体性と無限』の「正義」はこういう意味のものではなかった）、この倫理は対象化された他者にかかわる。

> 正義が必要である。すなわちそれは複数の顔の比較、それらの共存、それらの同時性〔…〕、それらの主題化、それらの可視性〔…〕が必要である。（AE, p. 200／三五八頁）

対象化してはならない顔（正確には「顔を感じさせる他者」と言うべきだろうが（第三章4））が対象化され、隔時的なものだった顔（顔を感じさせる他者）が共時化される。つまり他者は同化される。「隣人は脱‐顔化される（dé-visagé）」（AE, p. 202／三六〇頁）。そして存在に組み込まれてしまう。他者は「存在の他」とは言えなくなる。「存在の他」と言えないものは、もはや無限の責任を課す力を失う。こうなると他者と私の決定的な差異も失われてしまう。隣人が顔でなくなったこの正義の秩序においては「私に対する正義もまた存在する」（同所）。

> 正義の固有の場は、自己と他者たちの共通の領域であり、そこでは私は彼らの間に算入される。すなわち、そこでは主体はあらゆる〔…〕権利義務を備えた市民なのである。

（AE, p. 204／三六四頁）

　こうして自他非対称的であった顔の倫理から、決定的な一歩が踏み出されるのである。自他対称的な、一般の倫理がここで可能になる。私はもはや一切の権利を剝奪された例外者ではない。そして一旦、自他対称的な「正義」の倫理が成立すれば、あとは社会規範や法まではすぐである。われわれの社会がそうであるように、「正義」を維持するためにはこのような手段に頼らざるをえないだろう。国家もそのような「正義」実現に貢献するかぎりにおいて正当化される。こうして、顔の倫理が自他対称倫理を経て、一般の社会規範と接点をもつようになる。

　第三者の登場を契機に、舞台は一転する。ただし、すべては単に自他対称倫理を追認するためではなく、第三者の顔をいかに尊重すべきかという、顔への責任履行の要求から始まっている。仮にレヴィナスの右の論証が正しいとすれば、無限責任や強迫概念によって極限まで押し詰められた顔の倫理も――「神」という概念に頼らなくても――倫理学的に十分な意義を認めることができるように思われる。自他対称的な倫理の正当性を顔の倫理が与えているなら、顔の倫理の研究は倫理学の不可欠の基盤になるはずだからである。

レヴィナスの野心は自他対称倫理の基礎づけにとどまらない。第三者によって要請された正義への移行は、知、学問をも要請し、またそれを可能にするという。その理由について、後のレヴィナスはこう述べている。

正義をなすためには知ることが必要です。つまり客観化し、比較し、判断し、概念を形成し、一般化することなどが必要なのです。人間の複数性に直面すると、このような操作が課せられます。他人のための責任は慈悲心であり愛なのですが、人間の複数性に直面して、この責任は道に踏み迷ってしまい、そのため真理を探し求めるのです。（Lévinas 1991, p. 240／三〇一頁。同書所収の一九八七年のインタビューより）

複数の他者に仕えるための他者の対象化、という問題意識をさらに踏み越えて、ここでは他者に限らずあらゆるものの知が問題にされている。ここでいう「真理」とは、すなわち客観的で対象化的な真理のことである。つまり、対象化、客観化する態度自体が、矛盾しあう顔の要請に応えるという課題から必要とされるというのである。そしてそれだけでなく、この必要性から対象化（主題化）、客観化が実現されるようになるという。

正義のために一切は現出し、存在において語られ、そして主題化されたものの構造、語られたことの構造を受け取る。（AE, p. 207／三六九頁）

正義が初めて対象化（主題化）を可能にするのである。以前見たように（第八章1）「語られたこと」を介して存在者は語りの主題とされ、そのことで初めて存在者として成立するのであった。ということは正義を経て初めて存在者が存在者として成立するのである。

〔他人たちという〕比較不可能なものの比較において、表象、ロゴス、意識、労働、「存在」という中性的観念がひそかに誕生するであろう。（AE, p. 202／三六〇頁）

こうして存在者の成立という「同」の働きの根幹が、実は（複数の顔を調停するための）正義によって要請されたもの、正義の要請をみたすためのものだということが明らかになるのである。「語られたことなき語ること」から「語られたことの相関者としての語ること」の成立、それに伴う存在者の成立、そしてそこから始まる同の展開過程。われわれが眺めてきたこの過程は単なる利己的な同の運動ではなく、むしろその最初の一歩を踏み出すときには正義が背中を押していたのだという背景がここになって明かされる。その意味で「語られたことの秩序、それはすなわち思惟の、正義の、存在の秩序」（AE, p. 24／六一頁）だとも言われる[1]。したがって哲学の役割は、この展開過程を可能にした始原の語ることと、同の過程を開始した正義とを忘却の淵からすくい上げることである。

複数の顔から正義、そして存在者へと、このような壮大な構図が描かれる。この構図は存在を基底と見なす哲学の伝統とは異なる始原から一切を説明しようという意図に貫かれている。この構図は『全体性と無限』以来の「第一哲学」の構図と不可分である。レヴィナスにおいて知（対象化）と存在者の成立は表裏である。したがって倫理からの知の要請、倫理からの存在者の成立は表裏一体の事態である。ところで一般に、学問の階層構造においては、①認識における基礎的なものから応用的なものへという順序と、②対象となるものの存在の階層における基礎的なものから二次的・派生的なものへという順序が考えうる。レヴィナスにおいては右記のような知と存在者成立との並行性ゆえに、①、②の区別をたてる必要もなく、「第一哲学」は倫理学ということになる。

むろん、先に（第八章末）述べたように、「第一哲学」といっても『存在の彼方へ』ではこの概念は、もはや体系的演繹の学問理想に貫かれたものではありえない。たしかに正義は「存在の他」から一歩踏み出した秩序を実現しているが、しかし正義自体はあくまで顔に促されたものである。つまり「存在の他」との関連を失ってはいない。それゆえ「存在の他」にかかわるものの宿命として、論証の網をすり抜ける――例えば正義へと向かわせる「複数の顔」が本当に「存在の他」に由来するものなのかを証明できない。単に私の思い込みかもしれないが、その場合にはその顔の要求に応えるべく対象化を行なう必要もないであろう。正義は論証的に正当化されないのである――。そのため、顔、正義の研究が全学の体系的基盤を与えるということにはならない。しかしながら、そういう意義をもつことはなくても、知の起点に正義があるのだとすれば、学問にとってその究明は不可欠である。ましてや倫理学にとって、自他対称性に基づく一般的倫理の確立の過程に（複数の顔の促しをうけた）正義がかかわるとすれば、顔や正義の究明を怠るわけにはいかない。(2) 前章末で確認したように、神をもたないわれわれの倫理学に対して「存在の他」の倫理がもつ倫理的意義を示すには、一般の倫理との関連を示すことが不可欠であった。レヴィナスは「正義」概念によってこの要請に応えてくれているかに見える。

レヴィナス自身も自らの哲学全体の意義がここにかかっているという自覚のもと、『存在の彼方へ』以降の論述において折に触れて何度も正義にまつわるこの論議に言及している。その点から見ても、単なる通りすがりの論議でないことは明らかである。しかしながらその割には、論議の完成度は高くない。正義に関する論議はでき上がった論議というより、むしろ今後論議を進めていくプログラムを描き出しているだけだという印象を強く与える。

未完成ゆえに問題点も数多い。例えば次のような疑問が浮かんでくるかもしれない――「今見た、正義が初めて対象化を可能にするなどという説明は、本当だろうか。複数の他者への責任の果たし方を考えるようになる以前には、存在者さえ成立していないことになる。もしかしたら単一の他者だけなら、その者を客観化して認識していなくてもその要求に曝されることは可能だといえるかもしれない。しかし他者と第三者を複数のもの、つまり別々のものとしてとらえるためには、他者を世界内の存在者として何らかの形で客観化して認識している必要がないのか」、「レヴィナスに一歩譲って他者の対象化、考察が正義の次元で初めて可能になるということを認めるとしても、物などについては利己的な意図からでも対象化して考察しようという態度が生じてきても不思議ではない。正義だけからこの態度を導き出そうというのは、あまりに牽強付会な論議ではなかろうか」――この種の根本的な疑問が次々と湧き上がってくる。

あるいは、次のようにレヴィナスの正義論を理解すべきだろうか――「現実に複数の顔に促されて自他対称倫理や存在者（他者もそれ以外のものも）が成立したわけではなくとも、別の要因で成立していたそれらを複数の顔から要請されているのがまさにそれらだという理由で事後的に正当化できる。レヴィナスが目指していたのがこういう論議だとすれば、レヴィナスが現実の存在者や自他対称倫理の成立過程を論じていると見なす場合より、ずっと説得的な論議として理解できるのではないか」。――しかしながら私が探したかぎりでは、このような解釈の裏付けをレヴィナスの著作のなかに見つけることはできなかった。そのためこういう解釈を勝手に採用することもできない。

「正義」に関して問題点は多い。もちろん、「正義」の議論が未完成だと言っても、もし事象的な支点をえていて、後は論理的彫琢にかかるだけだ、というような未完成さだとしたら、レヴィナスを直接継承しつつ論究を進めて建設的な展開も見込めよう。しかし実際には、倫理の基盤性を示そうという形而上学的意図が先走ってプログラムだけを描かせていて、事象に根を張った論議の出発点が確保できているようには思えない。

このような事情から、以下でわれわれは正義にまつわる問題を広く論じることを避け、体系だった論述にこだわることもない。プログラムだけの状態でそれに批判を向けても実りがあるとは思えないので、われわれの論議との関連において、建設的な論議ができそうな箇所をピックアップして論じるほうがふさわしいであろう。

2　顔からの正義の正当化

顔から第三者を介して、正義という自他対称性の倫理の正当化がはかられる。しかしこの正当化の道は、レヴィナスが予想していたよりずいぶん困難なものである。

今までの論議では「第三者」に顔を感じているのは私である。しかし、レヴィナスは前掲の引用で「第三者」の別の側面に触れている。

> 第三者は隣人とは他なるものであるが、また別の隣人である。そしてまた、他なるものの隣人であり、単に他なるものの同類ではない。(AE, p. 200／三五七頁。傍点は佐藤)

隣人とは顔を感じさせる者のことである。したがって「他なるものの隣人」だということは他者に顔を感じさせる者だということである。だとすると、顔から正義への移行は私だけがたどる道ではなく、私と同じように顔を感じている他者たちもまた同じ道をたどるように求められているのであろう。こうしてレヴィナスは、単にこの私が正義に従うことの正当化を意図しているだけでなく、他者一般が正義に従い、正義実現のための法や国家制度に従うことの正当化を目指していると言える。この正当化が可能なら、顔から社会規範の正当化が可能になり、社会規範も含む顔の倫理学を実現する可能性が開ける。

しかしどうして他者が第三者に顔を感じていると言えるのだろうか。というのも顔は「痕跡」であり、そうである以上、顔は「存在の他」を論証するための「根拠」ではありえないからである。私が顔を感じている（と思っている）場合、それが本当に顔であり「存在の他」を表現しているのかは確証できない（単なる主観的な感覚に過ぎず、何ら「存在の他」とはかかわりのないものかもしれない）。私においてさえ事情がこうなのに、レヴィナスは他者が第三者に顔を感じているなどとどうして言えるのか。その他者が「私は顔を感じている」と証言したところで、感じたことが真実だと立証できはしないのである。当然、「人間はすべて顔を感じるはずだ」などとも言えない。「選び」はまさに人間であるというような条件に顔を基礎づけることを否定していた。だとすれば、他者同士が感じあう顔からの正義の正当化は一見すると論証による正当化のような見かけをしているが、実際はそうではありえない。「存在の他」を語りえないことが、第八章で見た複雑な方法的問題を引き起こしたのである。だからその論議を忘れたかのように、他者同士が感じあう顔を正当化の出発点と見なし、必然的な論証によって正義を正当化できるかのように装うことはできないはずである。

しかしながらレヴィナスはある対話のなかで、このわれわれの見解とは矛盾するようなことを述べている。そこでは正義の秩序で成立するものである、権利と政治について述べている。

私は権利にも政治にも異を唱えたことはありません。私はそれらの必然性を演繹しようとさえしたのです。(Lévinas 1991, p. 239／三〇〇頁)

「必然性」という言い方も、「演繹」という一義的必然的論証を示唆する概念も、顔からの正義導出にはふさわしくない。むしろ形容矛盾とさえ言えるであろう。先に引用した、第三者が他者の隣人だという言明も、同様に不用意としか言い様がない。念のため類似の言明をもう一箇所挙げておこう。

民衆のなかで、一人ひとりが潜在的には選ばれた者であり、〔…〕責任に応えるよう要請されているのである。(AE, pp. 232-233／四一二頁)

しかし誰もが人間であるだけで「選ばれた者」だと言える（あるいは少なくともその資格をもつと言える）ようでは、「存在の他」は存在に取り戻されてしまう。「選び」が「人間である」という存在に属する条件に基礎を置くことになってしまうからである。つまり、レヴィナスは語ること、語られたことについて論じた箇所であれほど念入りに論じた方法的問題を、正義を論じるときにはすっかり忘れているかのような発言を繰り返しているのである。あるいは他者が顔を感じるというレヴィナスの言明について、次のように考えるべきだという反論があるだろうか。「正義における自他対称性が成立した以上、その正義のレベルに立つなら自他の差異の根拠はなく、「他者が顔を感じている」と言うこともできるのではないか」と。しかしながら正義はあくまでも私が複数の顔を感じたから実現された段階である。だから、もし顔が実は人間一般に現れるものであり、そのかぎりで存在に基礎をもっているということになってしまえば、顔は虚妄だった、つまり「存在の他」を伝えるものではなかったという結論を下すしかなくなる。だから正義の段階に立ち至ったとしても、そこで顔の真正性を否定するようでは、正義の「正当化」の土台を掘り崩してしまうことになる。

方法的論議は「存在の他」へと至るために論議を先鋭化させてゆき「存在の他」の斬新な像を描き出そうとする創造的な論議であった。彼自身そのために細心の注意を払って論じざるをえなかったろう。それに対して正義への道は、一般の倫理へのアプローチを探り、そのことで創造的な論議の価値を確保しようという後ろ向きの論議である。行き着く先の正義も、何ら目新しいものではなく、道は見えている。そのために慎重さを欠いたおざなりな論議になったということがあるかもしれない。あるいは顔からの基礎づけという構図は『存在の彼方へ』ほど方法的な問題意識は鋭くなかった『全体性と無限』以来のものだということも影響しているかもしれない。そこで描かれた構図に安易に依拠したために、方法的問題意識の深まりに応じてこの構図自体を見直すという、当然の注意を怠ってしまったのであろうか。本当の理由は知る術もないが、彼の正義に関する論議が不徹底であることは確かであろう。

だが、まだこういう問題点だけで直ちにレヴィナスの自他対称の倫理学への道を検討の価値のないものと決めつけるわけにはいかない。果たして、他者が第三者に顔を感じているということは、自他対称倫理への移行にとって不可欠な論点なのであろうか。その論点に頼らないまま自他対称倫理への移行を図れないのだろうか。こういう発想をすると、私があまりにレヴィナスの思想の一部分をご都合主義的に切り取って勝手な論議を展開しようとしているように聞こえるかもしれない。しかしながら、例えば次に引用する箇所は、他者が隣人の顔を感じるかどうかとは無関係に自他対称倫理（正義）が成立するように論じている（引用文中の「近さ」とは私が他者の傍らにいて相手への責任を感じているということである）。

しかしここで、この最初の単純な〔他者への〕従属を他者の傍らに現れる第三の人間がかき乱す。第三者もまた隣人であり、彼もまた私の責任範囲の内なのである。第三者から複数の人間の近さが生まれる。他者たちのなかで誰がほかの者に優先するのか。このときこの場で、問題が誕生する。すなわち正義の要求の誕生である。ここで、比類なく比較できない他者の間で比較する義務が課せられる。（Lévinas 1991, p. 185／二三二頁）

このたぐいの表現はこれだけではない。しかも、他者が第三者に顔を感じているという論点を正義論に介在させるのは『存在の彼方へ』では先に挙げた二箇所ぐらいのもので、前面に押し出された論議という感も与えない。きちんと整理した議論を展開することにさほど頓着しないレヴィナスであるから、他者が顔を感じているという論点が自己の議論に不可欠か否かを十分に突きつめて考えないままこの点に触れたのではなかろうか。

そこで、われわれは他者が第三者に顔を感じるという論点に頼らずに正義へと移行する可能性を探りたい。ただし、それに先立って、こういう移行の可能性を探ることに意味があるのかどうか、前もって検討しておかねばならない。

私の感じる他者と第三者の顔から、正義という自他対称倫理が何らかの手段で（演繹や純粋な論証によってではなく）「正当化」できたと仮定する。あくまで私の感じる顔からの、私が正義に従うことの正当化である。だが、このことが正当化できただけでも、私にとっての倫理的意義は大きい。

また、他者が第三者を虐待しているようなとき、その他者にその不正をやめさせる必要がある。この場合、他者が第三者に顔を感じるか否かとは別に、他者を正義――私が感じる顔から正当化された正義――に従わせることも正義が私に課する義務だといえるかもしれない。もしそうだとすれば、他者が顔を感じるかどうかを抜きにしても、私が正義に従うことの正当性と、しかもそれに従うように他者を強制することの正当性も確保できる。これだけのものを獲得できる可能性があるなら、顔から正義にアプローチできるか試してみる価値はある。

さて、顔から正義への移行の検討に入ろう。あくまでもレヴィナスの論議の本筋は、他者および第三者の顔の要求の矛盾対立から、どちらにどのように従うかを決めるための方便として「正義」が必要とされるということである。しかも原則的に、顔以外の倫理の源泉は認められない。したがって顔が対象化されて「脱‐顔化」すると言っても、それは一挙に対等なひと一般の成立につながるわけではない。というのも顔の要求だけに耳を傾けるなら、顔を感じさせるのはせいぜいここに現れている他者たちだけであり、その他無数の人間に私は顔を感じているわけではないからである。私の課題は、矛盾した顔の要求を感じさせているこの他者たちにどう仕えるかを考えることであって、それ以外の人間たちに対する責任や、ましてや他者同士の責任はその矛盾しあう顔からは出てこない。「眼前の他者たちと同じ人間だから」などという理由でほかの人々への責任が生じるかのように論じるなら、それは顔を起点に据える基本姿勢を放棄することである。

もう少し具体的に検討してみよう。第三者はさっきまでは眼前におらず、顔を感じさせなかったひとである。しかし今や私は彼の顔を感じている。だとすると「さっき目の前の他者にそっくり与えてしまったパンを、もっと困っているこのひとにやるべきだったのだ」と後悔することもあるかもしれない。このとき私は、眼前の顔を乗り越え、ひと一般へと視野を広げて、そこに潜んでいる顔の方を重視すべきだと悟ることもありそうである。こうして正義への移行がはかれるのではないか。――しかし、ここにもなお論理の飛躍がある。というのも、あくまで顔が倫理の唯一の源泉だという点にこだわるかぎり、眼前の他者と第三者の顔の要求に曝されることはあっても、それ以外のひとを考慮する必要は生じないからである。顔のために別の顔を裏切ることは許容できても、顔ならざるもののために顔を裏切ることは許されるはずがない。今私が顔を感じていないほかのひとに私が必ず顔を感じるとも限らない（私がすべてのひとに顔を感じるという仮定はレヴィナスにおいては許されない）。その不確定で可能的な顔のために現実の顔を犠牲にしてはならないはずである。たとえ、眼前の顔をこえるとしても、顔を裏切ることが少しでも少なくて済む方法、例えば「最大限顔を感じさせる（可能性のある）ひとだけに責任を果たす」という選択肢の方がふさわしいであろう。本来責任もない「ひと一般」に無制限に責任範囲を広げることは顔への裏切りでしかない。なお、レヴィナスは正義において、私も「ひと一般」に属するものと見なされ他者と同等の権利が与えられるといっていたが、右の議論ゆえにこのような自己への権利認容も許されない。私は私に顔を感じさせるものではないからである。

これとはまた別の経路で（他者が顔を感じるかどうかを捨象したまま）顔から「ひと一般」に達する可能性も検討しておこう。私は顔を感じさせる他者に対して責任を果たさねばならない。それは一人ではなく、私の前に次々と現れてくる。このような他者たちへの責任履行は、単に力の限り責任を果たそうとしたという自己満足にとどまってはならない。実効性をもって責任（他者を助けるという責任）を履行しなければならない。しかしながら、そのために私個人の責任感と能力だけでできることは限られている。むしろ社会の「道徳的」（あくまで社会一般の倫理における意味での「道徳的」）な秩序の成立が、他者を不幸に陥れないためには決定的に重要である。だとすれば私は他者の顔への責任を果たすためには、眼前の顔にばかりこだわるより、社会の自他対称的な倫理を受容して、それを支えてゆくことの方が重要であろう。むしろ顔のみにこだわる姿勢は「公平性」等の社会的倫理原則を軽視するためにそういう原則を揺るがして腐敗させ、ひいては間接的に眼前の他者たちの幸福を損なうことになりかねない。だとすれば、ひと一般を対等な道徳主体として尊重してゆく自他対称倫理の受容こそが、真に顔を尊重することになるのではないか（そしてこう考えれば、一旦受容した倫理原則のもとにおいて、私の権利だけを辞退することも、逆にその原則の実効性を揺るがす悪効果をもたらすものとしてあえて避けるほうが良いといえるかもしれない）。――しかしながら原則的には、あくまでも顔を感じさせている他者だけへの責任を果たすことだけが問題である。自他対称倫理やそれに基づく規範をそのための方便として守ることは必要でも、大事な他者をそれ以外の他者と平等に扱う必要はまったくない。自他対称倫理が眼前の顔の尊重に役立つなら、そのかぎりにおいてのみそれを是々非々で認めれば足りる。自他対称倫理を認めるか認めないかは二者択一ではなく、さまざまな認め方が可能なのである。この場合、私は「自他対称倫理」の立場に立ち、ひと一般を尊重しているというわけではない。あくまで顔の尊重の立場から、社会に成立している規範をあくまでひとつの所与の一条件として考察し、顔の尊重のために何をなすべきかという観点からそれに対応しているに過ぎない。別の観点への決定的な移行はなされる必要がないのである。

　こう考えてくると、「ひと一般」と顔を感じさせる他者との間にはなお埋めがたい溝が横たわっていることが分かる。今見た二つの「ひと一般」への移行の可能性を探る論議において、ともにネックとなっていたのは「私がひと一般に顔を感じるとはいえない」という事実である。この事実は、真に尊重すべき他者とひと一般との範囲の合致を決定的に妨げるネックなのである。もちろん、何らかの偶然、たまたまの僥倖で両者の範囲が重なることがあるかもしれない。しかし、つねに必然的にそうなるとはいえない（そういえるだけの根拠は示されていない）[3]。それにもかかわらずレヴィナスは必然的に両者の範囲が重なるかのように語っている。

このネックは「存在の他」を告げるはずの顔が、人間であるというような存在の条件に基礎をもつことは認められない、というレヴィナスの根本主張の直接の帰結である。したがってこのネックを簡単に解消できるとは思えない。そもそも顔を「存在の他」を告げる「強迫」にまで先鋭化して、顔への自己の能動的関与を排し、その同への組み込みを断とうとしたのも、存在と顔を感じさせる他者とを峻別しようというその同じ理由からであった。レヴィナスは顔を先鋭化したために、顔を感じさせる他者からひと一般への通路を断ってしまったといえるだろう。

また、「ひと一般」と顔を感じさせる他者との溝に関して、次のようなことも指摘できる。顔の要求への従属はレヴィナスによれば純粋受動である。つまり、彼は純粋受動的に私が動かされるなかで、正義へと至るというわけである。もちろん正義は他者を比較・認識し、私の判断で誰に尽くすかを決めるというような能動性を不可欠の契機とする。しかし、その正義を採用するよう私が動かされたのは、複数の顔からの要求に純粋受動的に従わされることによるのである。しかしながら今見たところでは、彼の目論見に反して、顔だけからだと現実の顔（複数）を越えられず、「ひと一般」には至れない。ではそこに至るために何が欠けているのか。それは私が現実の顔の要求から（いくぶんか）自由になり、自由に振舞える能動性である。現実の顔の要求から自由になり、その自由を駆使して潜在的な顔や「ひと一般」をも倫理的考慮に入れることができなければならない。この自由は、レヴィナスの考えるように顔自体に従うことによって正義のレベルで初めてえられるものであってはいけない。というのも、その自由は正義への移行に際して行使できるのでなければならないからである。したがってそれは移行後に初めてえられる正義のレベルの自由ではなく、正義とは別の源泉に由来するものでなければならない。結局、顔から「ひと一般」へと至れるとすれば、その顔に曝される端緒から、私はすでに能動性を確保していたのである。したがって、そこで「顔」と呼ばれていたものは「強迫」する『存在の彼方へ』の「顔」ではなく、「強迫」は端緒には存在しなかったはずなのである。

他者を前にして私が感じる倫理的当為が「正義」を動機づけているとしても――そしてわれわれもこの動機づけを認めたいのだが――、その当為はレヴィナスの言う「顔」ではないのである。顔と「ひと一般」を隔てる溝について、二通りの観点から考察したが、いずれにせよ結論は同じである。すなわち、「ひと一般」を対象とする正義へ至るためには、端緒の「強迫」は認められないのである。

おそらく実際には、私は論理的架橋のできない現実の顔と「ひと一般」の間を、純粋受動的な必然によってではなく、自由な決断（自覚的なものである必要はない）によって跳びこえているのである。現実の顔を「ひと一般」尊重へのメッセージとして解釈しているわけであろう（その解釈には世間的な倫理観の影響を否定できない）。

前章5の「強迫」の分析を思い出そう。レヴィナスは「誇張」によって、顔を強迫という絶対受動の不合理性にまで押し詰めたのだが、そのため強迫それ自身では倫理的な事象としての地位さえ確保できなくなったのである（このことは強迫概念が倫理的体験の綿密な分析のなかから取り出されたものであることを疑わせる事実である）。結果として倫理的な事象としての意義は、一般の倫理的事象を正当化する機能に求められるしかなかった（神へと迫るものとしての意義を別にすれば）。その基礎づけの試みが成功していないということが今、確認されたのである。

われわれのこの見方は本書第三章6以下で、「絶対他」に関して「現象学的道徳的規定」と「形而上学的規定」を区別して論じた事情の延長線上にある。われわれは顔の事象的分析に即した「現象学的規定」と、『全体性と無限』の「同・他」を中心とした形而上学的概念に基づく「形而上学的規定」とが乖離を来しているという点を指摘した。この乖離は他性の形而上学がより先鋭化された『存在の彼方へ』ではさらに激しくなり、何箇所かではもはや覆いがたい仕方であらわになっている。「強迫」概念は、「存在の他」の「形而上学的規定」が要請し「誇張」によって構築されたものであって、必ずしも事象に十分に根を張ったものではない。ここでは「存在の他」の「形而上学的規定」が「現象学的道徳的規定」を振り捨てて独走するという傾向が見られる（むろん、『存在の彼方へ』全体でそうだというのではない。強迫は極端な例である。ただし、中心概念であるがゆえに、『存在の彼方へ』の分析を象徴する典型的な例ではある）。

だとすると、われわれはあらためて顔や「存在の他」という主要概念を、「形而上学的規定」によるゆがみから解き放ち、事象に沿ったレベルで考え直すという作業をすべきではないだろうか。「形而上学的規定」を「現象学的道徳的規定」と関連づけ、後者の身の丈にまで引き戻すべきであろう。

出発点はもちろん事象のうちにある。われわれはたしかに他者が私に対して非対称的な責任を迫りつつ現れてくるのを感じる。しかし私は「強迫」のような、まったくの受動性のうちに責任を負うのではない。責任を負う場合もそのことが「善」だと信じるから負うのであって、「強迫」のような不合理な圧迫だけで負うのではない。顔の要求が倫理的意味のあるものであるためには、それは絶対受動において与えられるのではなく、私がそれを倫理的価値をもつものとして位置づける能動性の介在が不可避である。要するに、『全体性と無限』の無限責任において見られたような、「引き受け」や拒絶が可能で、そういう形で私の能動性を許容するような責任を課すのが顔の現実の姿だと私は考える。顔に迫られてではあるが、拒むこともできる自由を保ちながら、私は顔の要求を引き受けているのである。そして同じ自由に基づいて、私は眼前の顔を乗り越え、「ひと一般」を私が責任を負う相手として認めるのであろう。

このような見地から、本書では「強迫」の絶対受動性への先鋭化を被る以前の、『全体性と無限』レベルでの顔になおこだわりたい。いわば袋小路にはまりこんだようなレヴィナスの分析の遺産も、改めて事象へと引き戻すことによって、豊かな生産力を取り戻すのではないだろうか。

3　正義論の再構築

　前節で引用した対談での発言のなかで、レヴィナスは顔からの正義の「演繹」を示唆していた。しかも「政治」という概念を具体的に（正義の秩序のものとして）挙げていることからも窺えるように、正義を社会において実現するための具体的な法規範や社会機構まで顔から導き出そうとしているのである。しかし、「存在の他」に曝されることと見なされる顔は論証不可能であるから演繹の起点としては役に立たない。また「ひと一般」へと必然的論証によって移行する企ても失敗していた。それでは、この種の「演繹」はまったく無意味な企てということになるのだろうか。

　おそらく彼が目指したのは、われわれが顔の促しによって正義を採用させられているということと、正義の理念の実現のために諸規範や社会機構を構築すべきだという事情とを示すことである。後半部については「演繹」にこだわるなら（前提部分が退けられているから）検討しても無意味であろう。しかし前半部が必然的論議として成り立たなくても、私が現実に顔の促しにより正義の理念を認めているということは事実であるように思われる。だから後半部を（「演繹」という概念にとらわれずに）検討することは倫理的に十分意義がある（顔に対する絶対受動にこだわる『存在の彼方へ』にとっては、正義への絶対受動的移行を否定しつつ後半部だけを論ずるわれわれの方針を許容できないだろうが）。以下、その点を検討してみよう。(4)

「正義」と言ってもレヴィナスが示しているのは非常に形式的な規定だけでしかない。自他対称的な倫理の立場が「正義」であるが、旧来のほとんどの倫理学は自他対称的な倫理学である。もちろん、「自他対称倫理」のなかでも、ホッブズやベンサムなどは、出発点となる人間観――完全に利己的なものとしての人間観――がレヴィナスとは相いれない。そのためホッブズらの倫理学的立場は退けうるだろう。しかしそのような限定を加えても、まだまださまざまなタイプの倫理学が残っている。「正義」の実現のために具体的な倫理学を選ぶとするなら、いったいどれを選べばよいのか。レヴィナスはこういう選択に関して、何か指針を与えてくれることはない。

既成の立場から選ぶよりも一から組み立てるべきなのだろうか。しかし「正義」についてはほとんど「自他対称」という以上のことは述べられていない。

人間がそこで自己を完成するような、平等で正義ある国家（それを創設し、とりわけそれを維持することが大事である）〔…〕。（AE, p. 203／三六二頁）

しかし正義の内実が自他対称性の倫理という規定でほぼ尽きているなら、引用の「平等で正義ある」のくだりは「自他対称性の倫理により統治されている」ということを述べているに過ぎない。「自己の完成」も人間観のいかん、道徳観のいかんによって、どういうものでもありうる。つまり、正義の具体的内実は未規定なまま残されている。

ここで次のような疑念に直面せざるをえない。――このようなあまりにも形式的な「正義」規定で自他対称性に基づく社会規範の荒海に乗り出していくのは非常に危険であろう。というのも、レヴィナスは実質上「自他対称倫理の肯定」を述べただけに等しいが、これだけでは自他対称倫理の具体的内実に関しては「白紙委任」ということになりかねないからである。顔から正義を「演繹」するという壮大な試みの実質は、実は正義の中身に関しては白紙委任するという、目を覆いたくなるような竜頭蛇尾に帰着するのではないか。しかも、いくつかの例外を除いて多くの倫理学的立場がレヴィナスの「自他対称倫理」への要求をみたすことができそうであった。現行の倫理規範でも、西洋民主主義の理念に基づく規範であればそれをみたすことができるものは多いだろう。だとすると社会的に力をもつ倫理的立場、現行の倫理規範の追認ということにもなりかねない。顔という過激で恐ろしく危険な概念を出発点としながら、正義への移行によってまったくの骨抜きにされ、現行体制への批判なき迎合に帰着する危険はないのだろうか。

このような疑問をレヴィナスはかわせるのか。改めてレヴィナスの正義論を検討してみよう。次の発言の検討から始めてみたい。

正義が正義であるのは近き者と遠き者の間に区別がないような社会においてのみである。しかしその社会においても、もっとも近き者の傍らを通り過ぎることは不可能であり続ける。すなわち、そこで全員の平等は私の不平等性によって〔…〕担われているのである。(同所)

この「私の不平等性」は正義と矛盾するようにも思える。正義成立以前の不平等性ではなく、正義が正義としてある社会のなかで非対称性がなお成立するとはっきり述べられているのであるから。これをどう理解すべきだろうか。いちばん単純な理解は、レヴィナスの次のような発言に即して理解することだろう。

国家において法がその一般性において機能し、普遍性を配慮して評決が下されますが、その国家において正義が一旦口にされたとしましょう。その場合でも、特殊で責任をもつものとしての個人には、まだできることがありますし、そのことが求められているのです。つまり、つねに厳格な正義の厳格さを見直すような何かを見いだすことができるし、そのことが求められているのです。この正義を和らげ、この個人的な要求に耳を傾けること、それが各人の役目です。(Poirié 1987 におけるレヴィナスの発言(p. 119／一五九—一六〇頁))

レヴィナスはここで求められている行為を私の「慈悲心（charité）」によるものだといっている（ibid.／一六〇頁）。慈悲心は無償の行為を義務づけ、見返りを、相互性を期待しない。それゆえ、ここには先の引用文でいう「私の不平等性」が働いているといえる。しかし、この慈悲心は正義に矛盾対抗し、判決を覆《くつがえ》すようなものではない。それに事後的に付加されるものにすぎない。そのかぎりでこの「私の不平等性」は正義のレベルでも是認できるだろう。

「私の不平等性」は、まずこのような事後的付加という、相当制限された形で考えられている。しかしレヴィナスは、さらに一歩踏み出した別の形でも、「私の不平等性」を考えているように思われる。

> 国家は隣人の近さに基づくが、その国家はわれわれ、すなわち私と私の隣人を凝固させて統合しようとするまさにその瞬間にある。（AE, p. 205／三六五頁）

つまり、正義（に基づく国家）のうちへと私と隣人を平等な市民として統合する試みは、すでに成し終えられたものではなく、それは今まさになされんとする瞬間にある。「私の不平等性」の第一の解釈では、根源の「不平等」（自他非対称性）は正義において解消され、改めてその正義の枠内でそれに矛盾しない形での「不平等」が認められていたにすぎない。

だが、今の引用では「正義」への自他の組み込みとそれにともなう「不平等」の解消が完全にはなされていないということが示唆されている。自他の非対称性に基づく倫理は正義にそつくり吸収、解消されてしまうというような単純な話ではないのである。

民主主義にとって根本的なものであるリベラリズムは、正義が深く、絶えず感じている良心の呵責に対応しています。そのため民主主義の法体系はつねに不完全なものであり、つねに改正され、より良きものに開かれています。こういう法体系は倫理的卓越性を示すとともに法体系が善のうちに起源をもつことを示しています。しかし複数のひとからなる社会が必然的に課し、そしてつねに繰り返されている計算は、この法体系を善から遠ざけます――おそらくつねに少しずつその遠ざける程度はましになるのですが――。そのようにして――修正する自由をもちつつ善を体験するなかで――理性の進歩もあるのでしょう。正義は良心のやましさを感じるのです。正義は正義を生んだ善が善であるほどにはみずからが正義にかなってはいないことを知っています。しかしながら正義がそのことを忘れたとき、正義は全体主義的、スターリン的体制のなかに沈み込む〔…〕危険にさらされるのです。（Lévinas 1991, p. 260／三二八―三二九頁）

ここで言う「善」、「良心のやましさ」は顔に由来する。つまり顔は正義に吸収されるのではなく、ある意味でそれから独立して、正義を批判する。そしてその批判が正義をより正しきものへと変えるという。

この独立性をどう考えればいいのか。先に見たところでは、複数の顔の非対称的要求は、正義への移行にともなって無視されざるをえなかった。それなのに「良心のやましさ」などという情に流されて正義を忘れるなら、再び複数の顔を前にしたジレンマに戻るだけではないか。

しかしながら、ここで顔の要求から導き出される正義の内実がほとんど未規定だったということを思い出す必要があるだろう。正義とはでき上がった規範体系のようなものとはほど遠い。もし正義の内実が、顔の要求から一義的に導き出された規範体系としてあるなら、もはや顔の要求を考慮に入れる必要はないだろう。私はその規範体系にひたすら従えばよいだけである[5]。しかし、実際そのような唯一正義にかなう一義的規範は導けない。正義は自他対称性というようなごく形式的な規定しか与えてくれない。それだけでは私が自らの行動を律するには不十分である。だとすると先に危惧していたような既成の法体系や任意の規範理論への白紙委任に移行するしかないのだろうか。それとも複数の顔のジレンマに戻るだけなのか。いや、むしろここに顔が働く新しい場所が用意されているとはいえないだろうか。

私は正義の次元へと移行し、一義的に演繹されたのでもない何らかの規範を選択するしかない。むろんその規範は顔を抑圧する。顔から生まれたはずの正義も、放置しておけば他者への抑圧を正当化する手段に容易に転化する。正義の名において殺人がなされることは日常茶飯事である。顔から自立すると正義は無反省で独善的な抑圧のシステムに変性しうる。また、一旦規範が成立すれば、それをいいことに私は規範を規範に明記された以上の他者への責任を免除する免罪符として理解しがちである。しかし、その一方で私は規範適用が複数の顔の要求をすべては生かしきれないことに気付き、そのことに忸怩たる良心の痛みを感じることがある。これがレヴィナスが直前の引用で言っていた、正義が感じる「良心のやましさ」である。これがあるからこそ、現行の規範を見直し、規範の下で救われないひとに目を向け、いささかなりともよき規範へと改善できないか、規範を改善しないまでも、他者のために私にできることがまだあるのではないか、とつねに心を配らざるをえない。この良心の痛みがあるから、私は規範を抑圧の正当化として利用したり、私が規範に定められた以上の他者への責任を逃れる免罪符にしたりはできないのである。複数の顔の要求には一義的に規範に汲み尽くすことのできない余剰があり、その余剰にレヴィナスは正義の堕落を妨げる役割を期待しているのである。

もし逆に仮に一義的導出が可能なら、私は規範にすべてを任せて、他者の悲惨を目にしても、（規範が正しく適用されているかぎり）「やむをえないこと」として目をつぶることもできたろう。規範が抑圧の手段となっても、同様に「やむをえないこと」だったろう[6]。規範の否定は元のジレンマへの逆戻りでしかないからである。しかし実際は一義的導出は不可能であり、だからこそ規範レベルにも顔が働く余地がなお残っているのである。

顔は正義を批判し、正義を無批判な独善にとどまらせない。両者の間には緊張関係が残る。こうして顔は、つねに良心に訴えかけることで規範の形骸化を妨げ規範に命を与えている。

るのである。

なお、顔はあくまでその要求が本当に「存在の他」に由来する要求であるかを立証できる性格のものではなかった。したがって右のように顔が私に規範批判を義務づけるといっても、その顔を疑う余地はつねに残る。私が自ら感じる顔を真のものと信じる限りにおいて、私は顔へ耳を傾け、規範の見直しを怠らないよう義務づけられるということである。

本章ではまず、顔の「強迫」への先鋭化が正義への道を閉ざしていることを確認した。このことで、顔を先鋭化することの意義は——神学的側面での意義をのぞけば——非常に限定されたものだと言わざるをえなくなった。本最終節ではそのうえで、「強迫」まで先鋭化されていない『全体性と無限』レベルの（私の能動性を許す）顔から正義へのアプローチの可能性を探った。そこでは詳しい検討に入る前に予想していた成果——私の感じる顔から規範を正当化するという成果——が得られただけでなく、顔から現行の規範の絶えざる見直しが義務づけられるという点も確認された。特に後者の点はレヴィナスの正義論の重要な成果であろう。

次章では顔の先鋭化という『存在の彼方へ』のバイアスを排し、顔をより事象に即して理解するために、同じ顔の事象を別の角度から眺めている「ケア倫理」との比較をもとに論議を展開してみたい。

注

(1) 他者への非倫理的言明も含む一切のコミュニケーションの前提が（語られたことなき）語ることだ、というレヴィナスの言葉（第八章1）もここから理解できるようになる。非倫理的言明も他者を対象化する正義の秩序においてのみ可能になるからである。

(2) 正義が知や自他対称倫理の基盤にあるということは原理的に証示可能な命題である。証示できないのは、その正義が本当に顔に由来するということだけである。複数の顔から自他対称倫理に向かう論議についても、すべてこれと同様のことが言える。

(3) なお、この論議に関しても前注で述べたことが該当する。

(4) 以下の正義解釈については、デリダが『法の力』（Derrida 1994）で示した、倫理と原理的なものの関係に関する論議から着想をえている。デリダはここではレヴィナスの「正義」概念に言及しているが、それは『全体性と無限』の「正義」である。われわれの扱っている『存在の彼方へ』の「正義」概念はこれとは別のものである。したがって、われわれが以下に示す「正義」概念の解釈をデリダが直接示しているのではない。

(5) あるいはそれが現行の規範と異なるなら、私は現行の規範をそれに置き換えるよう全力を尽くせばよい。

(6) 規範自体を見直すのではなく、せいぜい前述の「慈悲心」をもって、規範に苦しむ者を対症療法的に助けるだけであろう。

第十一章　レヴィナスへの批判と顔の倫理学の可能性

1　第三の道の模索

第九章5でわれわれは、「強迫」の分析を通じて、『存在の彼方へ』の顔を先鋭化する試みが倫理の実質を失わせるまでになっていることを確認した。この先鋭化のひとつの意図は、神へと迫ることである。ただしレヴィナスは神へと迫ろうとする場合でさえ、あくまでも倫理を通じた道をとろうとするのである。しかも倫理学の刷新をテコに哲学全体を刷新しようという意図も、『全体性と無限』以来一貫している。したがって倫理の実質が失われてしまうなら、いずれの意図——どちらもレヴィナスの根本的な意図であるが——にとっても深刻な障害となる。

しかし同じく第九章の末尾で次のことを確認した。レヴィナスは強迫へと先鋭化された彼の倫理学が日常的な倫理の基礎になっていることを示そうとしている。もしこれが示せるなら、たとえ「強迫」自体が普通の倫理とはかけ離れ、「倫理の実質を喪失している」という印象を与えるとしても、倫理学にとって不可欠の地位を占めることになる。つまり、「強迫」へと先鋭化された顔の叙述の倫理学的意義は、「強迫」が通常の倫理を本当に基礎づけているといえるか否かにかかっているといえるのである。

しかしながら、前章2で、「強迫」まで先鋭化された「顔」を起点とするかぎり、日常的な対称的倫理への道は閉ざされていることを確認した（その後にわれわれがたどった正義への移行は、「強迫」への先鋭化を排除しつつ「顔」から出発する経路であった）。こうして「強迫」の倫理学的意義を示す試みは失敗に終わったと言わざるをえない。つまり、他の絶対的他性を確保し、その相関者である主体の絶対的受動性を示そうとする試みの核心部分が、成功を収めてはいないのである。[1]

「強迫」においては他者の強迫が倫理的な当為としての意義を失ってしまう点が問題であった。顔の要求（正確には他者の非対称的要求）を善なる要求として把握できねばならない。その上で、善なる要求として把握したから従う、そうでないなら従わないという、主体の能動的な選択がいささかなりとも可能でなければならない（レヴィナスがこのことを自覚していなかったのは、他者の「強迫」が善なるものだという性格付けをこっそりほかから密輸してきていたからである）。前章2でも、正義へと至るために、私は正義に先立つ能動性を有していなければならないことを確認した。絶対受動性は私の倫理性を不可能にする。私の能動性は倫理的であるために不可欠である。

また、他者の非対称的要求を善として把握するためには、把握のために何らかの形で他者やその状況を「対象化」し認識していなければならない。「強迫」それ自体からは、善性の判断はできなかったのだから。こうして、私の能動性が必要であるとともに、他者の（ある意味での）「対象化」も必要になる。

しかし、このように受動性を中心とした顔の先鋭化を撤回し、私の能動性を回復して、ある意味での他者の「対象化」を認めるなら、レヴィナスの成果を放棄し、再びなし崩しに他者を対象化・同化する倫理学の立場に戻ることにならないかという危惧が生じる。「強迫」的な他性は撤回されるべきだとわれわれは信じるが、それは同への無制限な妥協を代償とするしかないのだろうか。「強迫」によらずになお他者の他性を確保し倫理を独自の領域として維持する第三の道は残されていないのだろうか。

その探求のためにまず注目すべきは、「強迫」への先鋭化がまだなされていなかった『全体性と無限』の他者観であろう。そこでの他者観は先鋭化されて乏しいものになってはおらず、より豊かでさまざまな可能性を秘めている。そのなかに何らかの突破口を見出せないか検討することが次の課題である。ただし『全体性と無限』はいくつかの困難をはらんでいた。その困難の最大のもの、すなわち顔からの学問の基礎づけという試みの不成功は、学問全体の根底からの刷新という意図を顔という事象に十分関連づけて論ずることができなかったことによる。『全体性と無限』では、この意図だけが先走っていた。しかしこの意図は『存在の彼方へ』における「強迫」への先鋭化を導いたものでもある。ということは『全体性と無限』の困難と『存在の彼方へ』の問題点はこのような意図が事象のなかから汲み取られたのではなく、むしろ外から事象に押し付けられたものだということに起因すると考えるべきではなかろうか。われわれは『全体性と無限』の「問題点」を解消すべく新たに取り上げ直すよりも、むしろその「問題点」を生み出した前提であるレヴィナスの意図にさかのぼって、その批判をなすべきであろう。以下の論議はそういう観点から行ないたい。

われわれの課題は『存在の彼方へ』の他の理解を克服しつつ、同への無制限な妥協とならない方策の手がかりを『全体性と無限』のうちに求めることである。ただ、『全体性と無限』自体は第Ⅰ部で検討したので、繰り返しになるのを避け、より生産的な論議を展開するため、ケア倫理の論議との対比を行ないながら『全体性と無限』を見直してみたい。

ケア倫理はレヴィナスと同様、対面の場での他者の倫理的現出から倫理を構築しようとする。しかもケア倫理の言うケアとは、専ら、自他の対称性が欠けた場面で、他者のためになされるものであり、その点、レヴィナスが注目する事象と重なる。一方、ケア倫理はアメリカの発達心理学に端緒をもち、フェミニズムとの影響関係のなかで構築された倫理であり、その点でレヴィナスの思想的背景とは相当異質なものをもっている。だが、同じ事象に大きな力点を置いて分析しているため、似通った面も当然多い。具体的他者から倫理を構築する以上、原理的・普遍的なものに対してはレヴィナスと同様（少なくとも端緒においては）否定的である。そして同じ理由で、合理的理性的な倫理観にも批判的である。

少なくとも、他者の具体的現前という事象から倫理を考えているということだけでも、『全体性と無限』の見直しを行なおうとするわれわれに大きな手がかりを与えてくれる。実際、レヴィナスは、一貫して事象に即す現象学の精神の重要性を標榜し（例えば第九章４で引用したAE, p. 230／四〇八頁）ながら、事象分析は意外なほど乏しい（特に『存在の彼方へ』ではその傾向がはなはだしくなる）。だが、そう標榜する以上、レヴィナスも――それがたとえ異質な立場からの分析であれ――事象分析を無視することはできないはずである。豊かな事象的分析を眺めながらレヴィナスとの対比を行なうことは、彼の論議の可能性と限界を照らし出すために有益と思われる。

もちろん、ケア倫理との思想的背景の差による見解の相違も随所で現れてくる。この思想的背景の差があるため、両者の表面的な類似や相違だけで安易に結論を下すのは危険である。しかしわれわれはこの罠にはまらないよう用心しながら、あえてケア倫理を手がかりに『全体性と無限』の思想を考え直してみたい。そしてそれによって、他性を受動性の極にまで押し詰めることのない、顔の倫理学のもうひとつの可能性を探る手がかりとしたい。

ケア倫理が倫理学のひとつの立場として広く認知されたのは、キャロル・ギリガンの『もうひとつの声』（一九八二年。DV）によってである。彼女も困窮する他者を前にしてその者を助けてやりたいという身に湧きおこる衝動とそれに基づくケアのうちに、倫理の本質をとらえようとした。

ただし、この著作は発達心理学において当時大きな影響力をもっていた、ローレンス・コールバーグの発達段階説の批判という形で提起されたものである。それゆえ、この文脈に大きく規定されている。また、それとともに、ケア倫理の体系的な特徴規定も乏しいというきらいがある。発達心理学者の著作であるという点から、哲学的な論議の面では物足りない部分もある。

そこでわれわれは、ギリガンの著作に依拠してケア倫理を眺めることは避け、彼女の著作の二年後に出版されたネル・ノディングズの『ケアリング』（一九八四年。C）という著作に依拠しながら論議を進めたい。ノディングズの論議は、ギリガンを単純に継承したものではないが、同じケアに焦点を置き、同様に、フェミニズムの見地から従来の倫理学への批判を展開している。ノディングズはギリガンより体系的なかたちで論議を展開し、哲学的掘り下げの面でもギリガンに勝っているように思われる。ただし、ノディングズの議論の概説的な紹介は避け、あくまでわれわれの論議にかかわる論点にしぼって問題にするにとどめる。

2　受　容

ケアは眼前の他者への当為感覚を出発点とする。「他者に親切にすべし」というような普遍原則の一具体例だという理由で他者への当為が喚起されるのではない。「ケアすることは決まった規則によってではなく、愛情と顧慮によって行動することである」（C, p. 24／三八頁）。その意味で普遍性・原理性は排除される。「私は原則や規則が倫理的行動の主要な指針であることを否定するとともに、また普遍化可能性の観念も拒絶したい」（C, p. 5／八頁）。普遍的な視点から自他をとらえる原理としての倫理を拒絶するのはレヴィナスと共通である。出発点は具体的な他者である。

ところで、ケアされる者はケアする者に依存している。この点においてノディングズはケアの「非対称性（asymmetry）」を認める（C, p. 48／七六頁）。ケアの見返りが期待できれば、対称性は回復されようが、ケアにおいてはその見返りを期待できないことが多い。少なくとも、ケアすべきという当為を感じるのは、見返りの期待を必要条件とはしない。利害得失とは直結しないかたちで、ケアすべきという当為は感じられる。その点で、自他「非対称性」はケアにおいても基本的特性をなす。

このようなレヴィナスとの明らかな共通点だけでなく、レヴィナスには（少なくともそのままの形では）見られなかった特徴もある。ノディングズはケアにおける「受容（receiving）」の重要性を強調している。ケアの出発点は他者を「受容」することだという。まず、この概念に注目して詳しく見てみたい。

〔ケアするとき〕私は他人の現実を客観的データとして分析し、そして「そういう状況にあったら私はどう感じるだろうか」と自問するというかたちで、他者の身になって考えるのではない。逆に、私は分析したり前もって案を練ったりしようという誘惑を退ける。私は他者のうちに身を投げ入れるのではない。私は他者を私のうちに受容し、他者とともに見、他者とともに感じる。私は二重性をもつようになる。（C, p. 30／四六頁）

他者の身になる、他者のうちに自分を投げ入れるという知的操作に基づいて感情を想像することが「受容」なのではない。そういう知的操作や意図的努力を介入させることなく、一挙に他者の感情が私に取りつき、私を占拠するのである。ノディングズの例（C, p. 31／四七―四八頁）によれば、赤ん坊に母親が共感する場合、母親は赤ん坊の状況（おむつのぬれた状態）に身を置き移し知的に理解したうえで、共感を感じるのではない。泣き声によって一挙に母親は赤ん坊の不快な感情のうちにとらえられる。どこが悪いかはまだ分からない。しかしその理解より先に、不快な感情にとらえられ、赤ん坊の不快な感情に応答しようとするのだという。こうして母親は赤ん坊を抱きかかえ、あやす。

「受容」は分析的な態度と対比される。後者が意志的、知性的で他者に部分においてしかかかわらないのに対して、前者は受動的、感情的で、他者を全体として受け取る。

ここで注目したいのは「受容」と問題解決との対比である。重要なのが赤ん坊の状況の改善であるなら、共感も、抱きかかえたりあやしたりすることも問題解決にはならない。おむつがぬれているのに気づき、それを取り換えることが唯一の問題解決であろう。そのためには抱いたりあやしたりすることより、問題を見つけるべく探索することが第一であろう。しかし、このように問題解決を最重視する母親がいるとすれば彼女には重要なものが欠落している。

われわれは泣き声を解釈することから始めはしない。たとえ解釈することを学んでいるとしてもである。〔…〕ふつう、われわれは赤ん坊をなだめて、こう言う。「よしよし、何ともないよ」。しかも何がいけないのかを分析し始めるより前にこう言うのである。われわれは問題を定式化したり解決したりすることから始めるのではなく、感情を共有することから始める。（C, p. 31／四八頁）

泣き叫ぶ赤ん坊を「受容」すれば、感情が母親をいたたまれなくし、あやしたり抱きかかえたりして、赤ん坊の感情に応える。それは母親自身のものとなった赤ん坊の不快に応えることでもある。あやすことは事態を改善しない的外れな行動なのではなく、それが他者を「受容」したことの直接の帰結であり、他者への応答である。感情的応答だけで対処できない問題（おむつがぬれている等）があるのではないかという方向に意識が向かうようになるのは、そのあとのことである。

ふつう、相手をケアするといえば、相手のために相手の不幸の原因をとり除いてやることだと思いがちである。しかし、それは「問題解決」的な対応である。その場合、他者を全体としてとらえるのではなく、他者のもつ問題にしぼって分析的に見て、対処している。他者は対処されるべきひとつの「問題」に切り縮められる。しかもこの「問題」に類似する「問題」はいくつもあって、そういう事例のひとつとしてしかとらえられない。

個人として扱われるのではなく、「類型」として扱われること、われわれに対して策略が行使されること、このことはわれわれを対象にしてしまう。われわれは人格であるより「事例」になる。(C, p. 66／一〇三―一〇四頁)

この場合、他者の全面的な「受容」が欠けている。私見だが、他者の類型化というこういう事態は経験を積んで自己の力を過信した教師などに往々あるように思われる。このとき、ケアを受けるものは——相当年少の子供であっても——、相手が自分に真に向き合ってくれていないこと、すなわち本当のケアを向けてくれていないことに敏感に気づくものである。たしかに教師はほかならぬその子供のために問題解決策を示してはいるのだが、教師の目にその子供は単なる一症例としてしか映っておらず、全体としての子供は認められていない。子供は教師の示す解決策を押し付けと感じ、「先生は自分を分かってくれていない」と思って、教師に不信感を抱くことだろう。

ケアしてもらう私が求めているのは単なる問題解決や幸福という結果ではない。私は自分——意志をもつ自分の全体——を大事にしてくれることを求めているのだし、また、そうしてくれる他者が身近にいてくれることを求めているのである。その意味で「受容」はわれわれの倫理的他者関係の本質をなすものだといえる。

なお、他者を世話しようとする私が相手を部分的にしかとらえていないとき、他者だけでなく私も人格全体で他者にかかわることをやめている。ノディングズはすべてケアは「没頭(engrossment)」を含むということを述べている(C, p. 17／二七頁)。「没頭」は必ずしも強烈であるわけでもなく、つねにその人の心を占拠している必要もない。しかし、少なくとも他者をケアしているそのときは、他者を第一の関心事として相手にかかわっている。私は人格全体でかかわっているのであり、単なる役割を演じているのではない。「母であることは役割でなくかかわり合いである」(C, p. 128／二〇〇頁) とノディングズが言うのはこの意味においてである。

ケアは他者のためになされるのだが、他者の幸福を実現すればそれでいいというわけではない。特に子供など判断力の十分でない相手に対して、相手の意志を無視してでも相手のためになることをしてやるべきだと考える「パターナリズム」の考えは、「受容」とは相いれない。金魚などを世話するのとは違い、ケアは意志をもつ他者を相手にする。ケアが相手の尊重を旨とする倫理的行為のひとつであるかぎり、意志を無視するわけにはいかない(例えば功利主義の倫理学なら意志の尊重は不可欠の第一条件ではないが、ケア倫理はそういう考えをとらない)。ただし、意志尊重が知的に推し量った他者の意志を尊重しようというものであるなら、それはケア倫理の求めるものではない。ケアする者は他者を「受容」し、他者の目で見るが、そうすれば他者の意志も自然と私のものになる。こうして他者の意志実現の意図が私のうちに生じてくるのである。ケア倫理の想定する他者の意志の尊重とはこういうものであろう。

ケア倫理の言う「受容」は受動的であり、『存在の彼方へ』の倫理観においても私は受動的(しかも完全に受動的)である。しかしながら、この著作では他者の「受容」という、受動性の一典型とも思われるような他者関係に言及することはない。その理由はこのような他者関係に気付かなかったからということもあるかもしれないが、この著作の立場自体にもっと本質的な理由がある。『存在の彼方へ』の立場からすると、「受容」は「強迫」のような受動性をもたないという理由で、対象化的な他者関係の一形態と位置づけられることになるだろう。もちろん、それだけでは直ちに「受容」を否定的にとらえることにはならない。レヴィナスが正義を肯定的にとらえていたように、他者への具体的な貢献のために他者を対象化することは不可欠であろう（レヴィナスは第三者の出現による比較の必要性から「正義」を導出したが、眼前の他者ただ一人の場合でも、「正義」は必要になると言える。他者に真に尽くし彼を幸福にするためには何をすればいいかを考えたり、そのために他者の事情を対象化して詳しく知ったりする必要があるからである。ここから「正義」の他者対象化、考量への道が開けてくるはずである。今の場合はこういう手段としての対象化である）。しかしながら、『存在の彼方へ』ではこういう倫理的役割を果たす他者「対象化」も、非倫理的対象化も、すべて対象化として等し並みに位置づけられ、事細かに叙述されることはない。レヴィナスの関心が基底の「語ること」やそれからの「正義」導出にのみ向かっているからである。したがって「受容」も、倫理的当為実現の手段となることで、倫理的に評価できる対象化となるだけである。しかし、こういう「受容」は、外的な役割（当為実現の手段）においてだけでなく、「受容」それ自体としても一般の他者対象化とは他者へのかかわりのあり方自体が違う。そしてわれわれにはこのかかわり方は他者への倫理関係の本質的な要素と思われる。こういう他者関係を、より積極的に評価できないだろうか。

一方、『全体性と無限』の立場からは、「受容」に類した他者とのかかわりを肯定的に評価することができるように思われる。

本書第五章の言語に関する論議（第五章1）を思い出そう。「レトリック」とは他者操作を意図する非倫理的言語行為を広く指して使われることばだった。「レトリック」においては他者は操作対象として対象化されている。私は私のことばに対する相手の反応をつねに見越してことばを選びレトリックを凝らす。一方、このような「レトリック」を排除して誠実に他者に向かうなら、他者は対象化を免れている。先に掲げた引用を再度掲げる。

> レトリックが備えもつ心理操作、民衆操作、児童操作を断念することが他者に正面から近づくことであり、真の発言において近づくことである。そのとき〔他者の〕存在はいささかも対象ではない。それにはどんな支配も及ばない。（TI, p. 42／一一五頁）

ここで言う「児童操作（pédagogie）」は「教育」とも訳せる。この「教育」には、先にわれわれが例で挙げた「受容」なき独善的な押し付けの教育も含まれるであろう。たとえ他者の幸福を目指すものでも、このような対象化は倫理にもとる。意志を飛び越えて（あるいは意志を計算に入れたうえで）他者を操ろうとするのではなく、他者にあくまでも誠実に語り、他者の判断にゆだねることが他者を対象化しないかかわり方なのである。

『全体性と無限』は「レトリック」と対照的な、他者を対象化することのない言語行為の例として、「教え」を考えている。「教え」の基本的な形は、師である他者が弟子である私に示してくれる世界の意味を真なるものとして受けいれることであった。世界の（真の）意味は他者から到来するものとされ、私の利己的な世界像は否定されるべきものと位置づけられる。師である他者の目で見た世界の姿に沿って弟子である私が見るという点において、「受容」と共通するものがある。「受容」分析が「教え」等の他者への非対象化的かかわりを事象的に補足できるのではないかと期待がもてる。

だが、専ら本書第Ⅰ部の論議では「教え」を次のような典型例で理解した。つまり弟子である私を子供と理解し、師である他者から言語を通じて世界の見方、世界の意味を習得するという場面を念頭において理解した。この文脈では他者である師がケアするものであり、弟子の私がケアされるものである。一方、「受容」の典型例では逆に、ケアする私がケアされる他者を「受容」する。しかし、観点を変えれば、他者の「受容」において他者に耳を傾け、他者の目から眺めることを、他者から他者の見た世界像という、私にとって未知のものについて「教え」を受けることだと理解することもできる。「教え」は単なる知識受容ではなく、私の世界像を否定しつつ他者の世界像を受容するという自己否定的、自己超克的な契機を含んでいたが、「受容」において必要とされるのもまさにこのような契機である。この文脈では「師」である他者の方がケアを受ける者と理解できる。

右の例で、他者の「教え」は他者の主観的情報である。私はその情報が誠実にいつわりなく語られているのかどうか、判断する基準さえほとんどもっていない。他者の「教え」をひとつひとつ別個に真偽判断し、偽りでないと思われるもののみを受け入れるというような分析的姿勢を取ることはもとよりできない。つまり、私はひとつひとつの発言を信じて受け入れるのではなく、他者を信頼し、その信頼する他者のことばだから信じるというかたちで丸ごと受け入れることしかできないのである。「受容」における信頼の重要性はケア倫理が確認するところであるが、「教え」のメカニズムからいっても、この場合こういうかたちで他者信頼が個々のことばへの信頼に先行せざるをえない。つまり、他者の全面的受容が生じているのである。無論、ここでの信頼は十分な根拠のあるものではなく、その意味で「非合理的」な信頼である。ケア倫理によれば「受容」は感情的なレベルでなされるというが、この種の「教え」における信頼も（すべての場合で感情的とまでは断言できないが、少なくとも）非合理的で理性的判断の裏付けをもたないレベルのものだということはできる。広く「教え」一般に関しても、「教え」は私の知らない事柄に関する知識であり、直接私が確認できないものである（だから教えに頼るのである）。したがって、個々の「教え」の内容については、合理的に見て信用できる十分な根拠は通常（「つねに」とまでは言えないが）欠けている。個々の「教え」に対してでなく、語るひとへの信頼に基づいて、非合理的なかたちで「教え」が受容されている。

なお、ノディングズは赤ん坊を「受容」することについて語る（C, p. 31／四七―四八頁）。このように彼女は言語を「受容」において不可欠とは見なしていないし、それほど重要視しているようにも見えない。たしかに、赤ん坊のような言語をもたない他者の内面なら、非言語的理解で十分かもしれない。しかし、言語をもち、言語を媒介として複雑な内面世界を構築している他者の内面に十分な理解をもつためには、言語は不可欠と言っても過言ではない。レヴィナスは非対象化的他者関係を言語に焦点を当てて分析しているが、それはこのように他者を「受容」するために言語がもつ重要な役割に気づいていたからだろう。

ケア倫理の「受容」概念との比較によって、『全体性と無限』における他者への非対象化的なかかわりの具体像が明瞭化してきた。他者への非対象化的なかかわりの再評価の条件も整ったように思う。

他者への非対象化的なかかわりの典型的な具体例として、もっぱら言語を介して実現される、他者の目を通じて私が見るというかかわり方を確認した。このかかわり方は、ケア倫理が「受容」としてケアの根幹に据えているように、倫理的に非常に重要な意義をもつ。だが、先に『全体性と無限』を検討した際には、われわれは「教え」概念に他者への非対象化的かかわり方の一典型を示すものとして注目することはなかった。それにはいくつかの理由がある。

何よりレヴィナス自身が「教え」においてはその学問への基礎づけ機能を強調していたからである。それは「第一哲学」としての倫理学、という構想を背景にしている。

第二に、彼は無制限に自己否定的な倫理観をいわば公式的な他者へのかかわり方としてたてていた。しかしながら言語的な他者とのかかわり方はたしかに自己否定的ではあっても、決して無制限の犠牲を要求しそうにない。われわれも先に（第五章4）、言語的な他者とのかかわりのあり方が、無限責任を要求するものとしての顔をもとに考えられた他者観と齟齬を来している点を指摘した（そしてその点で彼の「第一哲学」に関する議論がほころびを見せていると批判したのだった）。無限責任を核とした他者観との不一致ゆえに、われわれは「教え」の他者観を積極的に評価することもできなかった。

しかし、ケア倫理の「受容」概念との対比検討を経て、いくつかのことがはっきりしてきた。パターナリズムと対比しながら、幸福実現には解消できない「受容」の倫理的意義を取り出した。他者の幸福実現は他者を尊重することと等価ではない。「受容」とは意志等の内面をもつ他者の他性を対象化しないかかわりなのであり、そしてレヴィナスの考えでは、対象化しないことが他者の他性を尊重する手段なのである。

こういう意志尊重としての「受容」と「教え」の共通点を確認することで、「教え」を典型とするレヴィナスの言語的な非対象化的他者関係の倫理的意義が明瞭になった。単なる絶対他の形而上学からの要請や「誇張」の産物ではない、事象に裏付けをもつものとして非対象化的他者関係を確認できたようにも思う。何度もいうが、これは『存在の彼方へ』の概念枠組に準拠していえば「対象化しない」かかわりということにはなるまい。しかし実質的道徳的意味において対象化的なかかわりとははっきり区別できる、「非対象化的」なかかわりのあり方として位置づけることができる。

なお、『全体性と無限』の「第一哲学」の構想に固執するかぎりでは、この非対象化的かかかわりが顔との非対象化的かかわりだと論証できないことが決定的な問題になるだろう（第五章4）。しかし「第一哲学」の構想と切り離して他者との非対象化的関係を考えることはできる。われわれの目指すべきは体系性への固執を排した倫理学であるが、そういう倫理学にとって、顔が基底だと示せないことは問題ではあっても致命的問題にはならない。

本章の最初でわれわれは、われわれのように『存在の彼方へ』の「強迫」への先鋭化を批判するなら、再びなし崩し的に他者を対象化し、同化する倫理学の立場に戻ることにならないかという懸念を感じずにはいられなかった。だが、今見たように、『全体性と無限』を手がかりに、単なる客観知とは異なる非対象化的な他者とのかかわりを確保できた。

なお、この観点から「他者は（第三者ないし私に）顔を感じるか」という問題にも新たなアプローチが可能になるように思われる。もちろん、前章2で見たように、他者がほかの人に対して顔を感じているかどうかは客観的に確認できる知ではない。私が顔を感じているかどうかさえ論証できないのであったから。さて、そのことを念頭においたうえで、私が今、ある他者がほかの人に対して顔を感じていることを「知っている」という場面を想定しよう。その「知」の根拠は、他者の行動やことばによってえられた知である。だからその知の真理性は、他者が私をだまそうとせず道徳的に誠実に私に語ったり振る舞ったりしていてくれることを前提とする――むろん、彼が私に顔を感じていてくれるとは限らないが。つまり他者の倫理性に関する知が、その確認のためにすでに他者の倫理性を前提としているのである。こういう循環のなかにある以上、他者の倫理性の知は、客観的証示ができるような性格のものではない。それは知というより、むしろ信念である。ただ、この信念は「弟子」である私が「師」の「教え」を受け入れる際にもつねに前提されていた信念である。というのも、「師」の「教え」は真実であることを私が前提して受け入れる知識だからである。その意味でこの信念は他者の倫理性に関する知にとどまらず、私のもっている膨大な知の大部分の前提となっている信念である。そして知識は相互前提的に絡まりあっている以上、この信念が覆《くつがえ》るなら私の知のシステム全体が覆るような、そういう重い意味をもつ信念である。知はこのように倫理に支えられているともいえる。

そうだとすると、他者がほかのひとに顔を感じていることを私が知り、そのうえ仮に感じているひとに共通の、存在に属する何らかの性質（客観的性質など）に私が気づいたとしても——こういう性質自体がありうるかという疑問もあるが——、顔がその存在に属するある性質に還元される危険性はない。むしろ他者が顔を感じているというこの事実の「知」は、あくまでも客観的対象化的な知とは異質なレベルの「知」である。

こうして、『全体性と無限』の非対象化的他者関係の枠内であれば、「他者が顔を感じている」という「事実」を認めてもそれだけで「同」の立場に呑みこまれてしまうことはないといえる。倫理を前提とする「知」という構図が維持できるし、客観的な「同」の性格に顔を感じるか否かが基礎づけられるようなこともない。ここを突破口として、他者一般や私を含む倫理への展望が開けてくるかもしれない（ここではこれ以上触れることはできないが）。

これに対して、『存在の彼方へ』では、この非対象化的他者関係も対象化的他者認識と区別されることがない。そのため、「同」の一歩手前で営まれる倫理的他者関係――これが絶対受動ではない、現実の倫理的関係である――を、そういうものとして評価できず、倫理にもとる他者操作と同一視することしかできないのである。

さて、「受容」との比較考察をふまえて、『存在の彼方へ』の他者観を見直してみると、この著作の他者観の特異性が際立ってくる。「受容」の他者尊重は、単に幸福を求めるだけではない、自らの意志をもつものとしての他者の尊重であった。「教え」も私とは異なった角度から世界を見る他者の見方を尊重するものであった。ともに私とは異なる意志をもつものとしての主体、つまり単なる動物とは異なる主体のあり方にかかわっていた。しかし、『存在の彼方へ』では「強迫」において現れる他者は、必ずしもこのような意志をもつ主体である必要もないように思われる。他者それ自身に関する規定はほとんど「対象化」につながるという理由でなされないが、「強迫」だけなら赤ん坊や動物に感じても不思議ではない。また、意志が問題にされない以上、当然、「受容」において他者が第一に求めるものとされていた、私に受容されることを望む他者の要求も問題になどならない。なお、「語ること」や「語られたこと」はたしかに言語性を示唆しているから、相手を言語主体として想定しているようにも見える。しかし「語られたことなき語ること」という、「語られたこと」への転落以前の純粋な形態にさかのぼるとき、そこにあるのは実質的に「強迫」以外のものではない。「語られたこと」を基礎づけるという機能に注目して「語ること」は「語ること」という名で呼ばれているが、この機能は決して「語ること」の不可欠の本質とは言えない。

内面をもつ他者を倫理的に尊重するには、言語的に他者の内面を理解することが不可欠であろう。そういう他者理解の倫理的意義をたしかに『存在の彼方へ』も認めている。しかしこの著作では、他者理解はすべて「語られたこと」のレベルの対象化的理解として等し並みに位置づけられてしまう。『全体性と無限』の言語的関係のような、特別な倫理的なかかわりが別途存在するということはない。言語的関係でさえ、一種他者を裏切るかかわりでしかないという点で、客観的認識におけるかかわりなどと同等視される。その結果、現実の状況のなかでの倫理が倫理を非倫理から区別しているすべてのものは、倫理にとって二次的なもの――たとえば現実状況内での倫理実現のための単なる手段のようなもの――でしかないことになる。こうして『存在の彼方へ』における具体的状況との乖離が生じている。

3　ケアの自己肯定性

ケアは他者の「受容」以外にも注目すべき性格をいくつか有している。われわれが「受容」の次に取り上げるのは、ケア倫理学の自己肯定的性格である。この自己肯定性はレヴィナスの倫理観が自己犠牲的、自己否定的であったのとまったく対照的である。

ケアの根本にあるのは自然的な感情である。

ケアリングのもっとも身近な状況とは自然的なものである。私自身の子供をケアすることは「道徳的」ではなくむしろ自然的と感じられる。自分の子供に無頓着で子が死ぬのを放置していた女性は、しばしば非道徳的というより病気と見なされる。（C, p. 83／一三〇頁）

この感情は他者との関係性のうちに根づいているとされる。他者との関係性からの自然的な発露として、相手をケアしようという心情が生まれる。

われわれは自分がケアの同心円の中心にいるのを見いだす。内側の親密な円のなかでは、われわれは愛するがゆえにケアする。〔…〕われわれが同心円の外側に移ったとき、〔…〕この〔外側の〕同心円のなかの人々はふつうの場合なら、われわれにわれわれの家族が自然と求めるものを要求することはない。（C, p. 46／七二―七三頁）

ケアの自然的性格は自己肯定性につながるが、もっともこの点を明瞭に表しているのが「相互性（reciprocity）」という概念である。「WとXがケアの関係にある」といえるためにはWがXをケアしているだけでは不十分で、「WがXをケアしているということをXが認めること」が必要だ、という。しかもこの場合、「WがXをケアしているということをXが認めること」とは「Xがケアを誠実に受け入れること」を意味するという（C, p. 69／一〇九頁）。相手がケアをケアとして受け入れてくれなくては、ケアと言えないわけである。ケアされる者がケアを受け入れ、ケアする者に対して反応することが必要である。これがケアの「相互性」である（ケアを与えあう相互性ではない）。

「ケアされる者はケアする者に何らかの仕方で応えなければならない。ケアリングには必然的にある種の相互性がある」（C, p. 71／一一三頁）。そしてケアされる者の反応がケアする者を力づける。ケアの関係に「十分に参加してくれるケアされる者をケアする者は、〔その参加によって〕支えられ、力づけられる」（C, p. 72／一一四頁）。

ケアの倫理はケアする者にとって自己肯定的だと言えるだろう。「ケアリングの倫理は生を否定する倫理ではない。〔…〕それは他者との関係のうちに義務だけでなく喜びをも見いだす」（C, p. 108／一六八頁）（「もちろんこの喜びを目当てに私はケアするのではないが」（C, p. 143／二二二頁））。「ケアリングの「要求」の多くは要求として感じられることがない。むしろ、人生を生きるに値するものにするものの大部分は、それらを機会として与えられる」（C, p. 52／八二頁）。

もちろん、いつでもこのような自然的な感情のままに、喜びに満ちたケアをすることだけがケアではない。そのような感情が喚起されてこないときに、なおなされるケアもある。最初のケアが「自然的ケアリング（natural caring）」と呼ばれるのに対して、あとのケアは「倫理的ケアリング（ethical caring）」と呼ばれる。

「自然的ケアリング」を喚起するのは「自然的なケアリングの感情（sentiment）」である

が、他者の困窮を前にしてもこの感情が湧いてこないような場合もある。しかしそういう場合でも、われわれは過去に自然とそういう感情が湧き、その感情にしたがってケアしたり、また逆にケアされたりした、「われわれ自身の最高のとき」（C, p. 79／一二五頁）の記憶をもっている。そのときのことを想起したとき、その状態が一種の理想として価値的なニュアンスを帯びる。そして私はそういう状態を目指すべきだという当為感情をもつようになる。最初、他者の悲惨を目にしただけではケアすべきという私の感情を喚起することはなかったが、理想の光に照らして、改めて彼をケアすべきという感情が二次的に私のうちに喚起される。

道徳的であろうとするこの強い欲求は他者と関係をもちたい、関係をもち続けたいというもっと基本的で自然な欲求から、反省の力で取りだされる。（C, p. 83／一三二頁）

こういうかたちで喚起された当為感情は、反省の媒介をくぐっているので自然的なものとはいえない。しかし、これはあくまで感情だとされる。「倫理的ケアリング」とはこの感情に基づくケアである。したがって「倫理的ケアリング」は何か「自然的ケアリング」とは別の源泉から到来するものではない。前者は後者に一種の反省的な契機が介在するだけで、あくまで後者の派生形態だといえよう。

このような理解に基づいて、ノディングズはケアにおける責任の制限について述べ、ケア倫理学が自己否定的なものでないことを明瞭にしようとする。

ケアは関係に根づくものであるから「われわれの義務は関係によって制限され、範囲限定される」(C, p. 86／一三四頁)。具体的には、以下のような制限である。

> われわれが関係のうちにあるとき、あるいは他者がわれわれに話しかけてきた(address)とき、われわれはケアする者として応答しなければならない。関係のうちにおける命法は定言的である。関係がまだ確立されていないとき、あるいは関係が拒絶されるのが当然かもしれないとき〔…〕命法はより仮言的なものに近くなる。つまり、もし私が関係のうちに入ろうと望むなら(そしてそれが可能なら)、私はしかじかのことをなさねばならない、というような命法である。[2] (C, p. 86／一三六頁)

この引用では、「関係のうちにある」ということは、家族や友人という密接な関係にとどまらず、「話しかけてきた」というような希薄な関係も含めて考えられている。したがって、レヴィナスが他者の典型としてあげていた「異邦人」であれ、もしその「異邦人」が眼前の他者として現れてきたなら、私は彼に救いの手を差し伸べる義務を負うことになる。したがってノディングズはレヴィナスより責任を負うべき相手の範囲を狭めているわけではない。

しかしながらノディングズはこれとは別の責任制限も考えている。彼女は「相互性」という概念をもちだし、ケアされる者がケアを受け入れてくれることを重視していた。この受け入れによってケアは「完結（completion）」するという。しかし、もしケアしたとしても「完結」の見込みがないならどうか。

もし他者において完結する可能性がないなら、われわれは「私はしなければならない」を呼び起こす義務はない。私はアフリカの飢えている子供たちをケアする義務はない。というのは私が義務を負っているケアリングを放棄するのでなければ、アフリカの子供たちへのケアが他者において完結できる方途はないからである。（C, p. 86／一三五頁）

また、次のような点からも責任は制限されるという。

もしケアリングが維持されねばならないなら、明らかにケアする者が維持されねばならない。（C, p. 100／一五六頁）

もちろん、常識的な倫理観に従うなら、右の言明は容易に容認できる。しかし、これほどうまく自己保存とケアが調停できるのだろうか。

ひとつ前の引用（C, p. 86）で考えてみよう。「完結」の欠如が私の「自然的なケアリングの感情」を萎えさせるのは事実であろう。では、「自然的ケアリング」の穴を「倫理的ケアリング」が埋めるべきなのであろうか。「倫理的ケアリング」は理想とされるケア状態を目指して当為感情を喚起する。しかし「完結」の見込みがないようでは理想とされるケア状態の実現は不可能であるから、私がなおもその状態の実現のための「倫理的ケアリング」にこだわる意味はなくなる。

しかし、その次の引用（C, p. 100）はどうだろうか。述べられている内容は理屈の上では自明のことだが、ケアにおいて重要なのは理屈ではなく感情であった。自己犠牲を迫りつつ、なお感情がケアを訴えてくるということはありうる。レヴィナスが注目したのはそういう事象であった。ノディングズはときに自己保存とケアとが予定調和的に調停できるかのように論じているが、必ずしもそううまくいくとは限らない。たしかに日常的にたびたびあるようなことではないけれども、他者の非対称的現出が私の身を犠牲にしてでも他者を助けよと訴えることはある。(3)

もちろん自己犠牲を迫る他者の非対称的現出をレヴィナスのように他者関係の典型と見ることができるかどうかは別の話であるが、こういう事態があることは認めざるをえない。ケアの感情が私を滅ぼしかねない危険性を秘めていることを、ノディングズも直視すべきであろう。

ケア倫理による責任の制限は常識に依拠しすぎたもので安直とさえ言えよう。しかしケアの感情が関係に根づくという点は、事象的にもそれなりの説得力をもつように見える。一方、レヴィナスはこのような関係への根づきを許すことはできない。この点について比較検討を深めたい。

『全体性と無限』の「無限責任」は引き受けるにしたがってより多くの責任が課せられる、という形態をとる。例えば次のような具体例で考えてみたい。

「異邦人」が私の家の扉をたたいて、私は彼の姿に「他者の非対称的現出」、すなわちレヴィナスが「顔」と呼んでいたものを感じ、家に迎え入れた。最初は、一回の食事を与えるだけという軽い気持ちで彼を招き入れただけかもしれない。しかし一旦彼を招き入れてしまうと、簡単には追い出せない。戸口で追い返すことと、招き入れことばを交わしたひとを改めて寒風のもとに追い出すことでは心理的抵抗がずいぶん異なってくる。一夜の宿を貸せば、さらに私は彼に多くの責任を感じるだろう。社会的な責任観からいえば、家に招き入れたことは私の純粋な厚意であり、そのことで私は彼に何かより以上の責任を負うようになるわけではない。むしろほかのひとがかけなかった厚意をかけてやったという理由で、外に追い出すことに良心に恥じるところはかえって少なくてもよさそうなものである。しかし実際には、彼に厚意をかけてやるほど、私は彼への責任を感じるようになる。最初軽い気持ちで招き入れたことを、後悔するようになるかもしれない。引き受けるにつれて増す無限責任の特性が現れている。

しかしこれを、ケア倫理が言うように（他者との）「関係」が深まったことで責任が増していることと解釈できないだろうか。ところで、ここで言う他者との「関係」は「存在」の条件に属する事実的性格である。したがって、もし右のように解釈できるとすると、責任は存在に基づけられ、レヴィナスと衝突することになる。

だが、ケア倫理はケアが「関係」のうちに根づいているというが、この「関係」とはまだことばも交わしていない「異邦人」でさえ彼が眼前にいるというだけで「関係」のうちにあるといえる程度のものである。ここでは親しさや既成のかかわりを意味する「関係」を拡張使用しているのであって、「異邦人」とも「関係」があるというのは語用としては多分に無理がある。ケア倫理は決して家族や友人だけに責任を負うというような、身内の倫理、ベルクソンのいう「閉ざされた倫理」(4)を意味しているのではない。

むしろ親しさや既成のかかわりは、たしかに他者の非対称的現出を感じやすくする条件として働くが、それらは他者の非対称的現出に不可欠のものではないと理解すべきだろう。しかも、「感じやすくする条件」にとどまり、自他の非対称性そのものを形成するわけではない。というのも非対称性が感じられたとき、それは私がそれを感じるか否かにかかわらず、それ自体として存立するものとして与えられるからである(5)。したがって、ケア倫理の言う（自他の）「関係」は他者の非対称的現出の感得に一定程度の影響を与えうるが、その必要条件でもないし、また、非対称性自体を構成する条件でもない。

もう少し詳しく「無限責任」について考えてみよう。『全体性と無限』における「無限責任」理解では、「顔」を前にして私は他者への責任を感じ、その責任を引き受ける（場合によっては拒む）。しかしこの図式では他者とのかかわりにおいて、相手に対する責任だけに焦点が当てられ、顔をめぐる自他の具体的なかかわりの全体を表しているとは言い難い。というのも、もし「顔」が何をなすべきか明確に規定された命令を私に課すなら、それを引き受け履行すればいいだけかもしれないからである。しかし実際はそういうことはなく、通常は、顔を感じた私が、何をなすべきかを自ら判断しなければならないのである。そしてそのためには他者の具体状況や彼の意志を考慮に入れざるをえない。しかしこれは、「正義」において考えられていた他者の「対象化」である必要はない。他者や具体状況を考慮に入れる正義の「対象化」とは別の道があるのであって、それが「受容」、「教え」（の拝聴）等の非対象化的な他者関係であった。これはまず最初に顔を感じる受動的な第一段階と、責任の引き受け（さらには履行）という能動的な段階の間に介在する中間段階だといえよう。この中間段階において私は顔の要求に促されて他者やそのことば（教え）を受容するのであり、それは当然、顔へと身を開きその要求に留保なく身を曝す態度を伴わざるをえない。扉をたたいた異邦人とことばを交わすうちに、私は彼と一緒になって物事を見る「受容」を知らず知らずのうちに行なう。そのことで顔はますます強く私に迫ってくる。この中間段階は（語られたことなき）「語ること」のような純粋受動ではなく、顔へ身を曝すことを拒みうる自由があるという点で一定程度の能動性を有している。しかしこの中間段階の能動性はあくまでも顔や具体的他者を受け取る受動的姿勢を準備するための能動性である。顔の意味自体を左右できる意味付与の能動性ではない。しかも「受容」や「教え」の拝聴は[6]、他者を、最終的に引き受けられる彼への責任という側面に限定せず全体的に「受容」するものであるから、これらを視野に収めることで、顔を起点とする他者とのかかわりの全体像をより広い観点でとらえることができるようになる。

なお、われわれはこの「中間段階」を提唱することで、現実に顔を感じてから責任の引き受けに至る過程で必ずこういうものが介在しているということをいいたいわけではない。顔への対応が十全になされ、真に他者に応えるような責任の引き受け（さらにはその履行）に至る典型的な例において、このような契機が介在するはずだということである。あくまでも理念的なものだから、現実に「中間段階」なしの責任引き受けがあったとしても反証にはならない。

さて、もしこういう理解が正しいなら、顔に促されて「中間段階」において他者を「受容」し顔に身を曝す程度がより留保なきものであればあるほど、より強く顔を感じさせられる。これは「中間段階」から、顔を感じる「第一段階」へのフィードバックが生じたといえる。つまり、引き受けという能動的な段階（だけ）ではなく、それ以前の受動的段階で、責任の増大の構造が成立しているのである。もちろん他者を「受容」することは相手の心に寄り添うだけでは済まない。「受容」によって私は相手の窮状を打開する具体的行為を迫られることにもなるから、受容の程度は最終的に責任を引き受ける程度にも反映されうる。

『存在の彼方へ』が「引き受けるほど増大する」という無限責任を語ることが無くなるのは、明らかにこの「引き受け」の能動性を嫌ったからである。しかし実際は引き受けという明瞭な能動性や、正義レベルの他者対象化という明らかな同の働きが介在してくる以前の「受容」において、すでに責任の増大構造を考えることができる。そうであるにもかかわらず「中間段階」も「絶対的な受動ではない」という理由だけで一般の能動性と同等視して「同」の働きと見なすなら——先に「受容」と一般の対象化を同等視したことと同様——、乱暴だと言わざるをえない。こうして「受容」を手がかりに『存在の彼方へ』で表向き放棄された無限責任を回復することができるのではないだろうか。形而上学的意図からくる絶対受動性への固執を撤回すれば、このような増大構造をとる無限責任概念を再度採用するのに障害はもうない。

4　正義とケア

次に、ケア倫理との比較でレヴィナスの「正義」概念および顔と正義の関連という論点について考えてみたい。

ノディングズにおいては社会規範を積極的に評価する観点が欠けている。ケアは国家、制度のレベルでは不可能であって、個人のみが倫理を生み出すという。

深い意味では、いかなる制度も国家も倫理的ではありえない。制度あるいは国家がケアするものとして、あるいはケアしようとするものとして、他者の要求をみたすことはできない。制度あるいは国家は、ただ、個々のケアする者が、明確に規定された状況において何をしたかったかを、一般的な用語でとらえることができるだけである。法や宣言、声明はこの点で無内容でも無益でもない。しかしそれらには限界があるのであり、道徳的行動だけでなく非道徳的な行動も同じように支持することがありうる。（C, p. 103／一六〇―一六一頁）

たしかにケアの源泉は個人であろう。そしてケアの心情なしで、アメとムチだけで広く道徳が守られるとは思えない。また、たしかに法が抑圧の正当化に利用されるようなことは日常茶飯事である。しかしながらまた、道徳的秩序が失われ非道徳的行動が跋扈するなかで、いくら私だけが良心的に行動し、無法な輩の良心に訴えかけても、人々の幸福を確保できないのもたしかであろう。私がケアしている他者が犯罪に巻き込まれてしまうかもしれない。そのとき私はケアの精神である他者を守ることのために、ケアそのものを越えて、力の裏付けをもつ社会規範に訴えて社会に秩序をもたらすという決断を下さざるをえなくなる。この道はレヴィナスがたどった道と重なる。今までわれわれはケア倫理を利用してレヴィナスを批判的に検討してきたが、ここでは逆にレヴィナスからノディングズに対して批判が向けられよう。

ノディングズの社会規範への否定的態度は、社会規範を基礎づける普遍的原理的な道徳に対する批判に由来する。一方、ノディングズの著作に先立ってケア倫理の名を人口に膾炙させたギリガンは、社会規範の根底にある普遍的原理的道徳に対してより肯定的であるように見える。(7)

『もうひとつの声』で、発達心理学の面から道徳的発達を研究したギリガンは、ひとびとの倫理的思考形態には従来注目されることの少なかったケア倫理的な思考形態（「もうひとつの声」）があることを指摘した。ケア倫理は三つの水準をたどって発達するという。

第一水準は道徳以前の水準といってよかろうが、「生存を確かなものにするために自己をケアする」段階である（DV, p. 74／一二九頁）。

第二水準にいたって、ケア倫理の特徴的な他者関係が現れる。この水準において「良さは他人をケアすることと同等視されている」（同所）。一方的で自己犠牲的な道徳的態度である。レヴィナスの倫理学と同様の自他非対称性が見られる。ギリガンもケア倫理においては、原理より具体的個人を優先する傾向が見られるという。

ギリガンは第二水準の自己犠牲的倫理が問題をはらむという。この自己犠牲的倫理は自己の欲求を否定的にとらえるが、自己の欲求を完全に押さえ込むことはできない。そのため自己犠牲的倫理と自己の欲求の間に解きがたい道徳的ジレンマが生じるという（DV, p. 90／一五九頁）。

このジレンマが解消されるには、自己の欲求を覆い隠さず認め、それに正当性を与えることが必要である。自己に対しても「正直」であることが求められ、ケアを自己にも及ぼすべきだとされる。こうしてケア倫理は第三の最後の水準に到達するという。ここでは私の権利主張が認められるが、ギリガンの理解によればそれはケアの倫理の（私も対象とする）普遍化による（同所）。

さて、第二水準から第三水準への移行はレヴィナスの顔から正義への移行と似通った特徴をもつ。どちらも自他非対称の倫理から自他対称の倫理が生まれている。私は最終段階に至って、権利をもつものとして認められる。ここでは道徳の原理化もなされる。というのもギリガンによれば、前記の私の権利認容は、「非暴力性、ひとを傷つけることの禁止が、すべての道徳判断、道徳行動を支配する原理に高められる」ことによって、つまり、私にも非暴力主義を及ぼすことによって実現されたというのである（同所）。一方、ノディングズによれば、他者一般、またそれに私も含めた人間一般という観点から道徳的判断を下すという通常の原理に基づく道徳観は、かけがえのないものとしてこの眼前の他者を受容することを妨げる。したがってノディングズによれば人間一般という普遍的原理的な立場から倫理を扱う倫理は、ケア倫理が第一に退けねばならないものだということになる。これに対してギリガンは、自己犠牲的倫理のジレンマから脱する第三水準において、原理性を認容する。

ギリガンにおいては道徳が段階的発達という図式で理解されている。そのため、最終の第三水準にいたって問題がすべて解決するかのような印象を与えがちである。つまり、ケアの自己犠牲的倫理は自他対称的倫理に座を譲り、そこで自己犠牲的倫理の問題点は解消されるかのような印象を与える。もしギリガンがそう理解しているのだとすれば、レヴィナスの正義概念を検討してきたわれわれにとっては、あまりに楽天的な理解だといわざるをえない。しかしながら、ギリガンはそれほど単純に考えてはいない。たしかに自他対称性は認められることになるが、それは自他対称性を起点とした普遍的原理に基づく道徳への全面的屈服を意味するわけではない。

ギリガンの批判によれば、原理重視の自他対称的倫理は、複雑で原理だけですべて割り切れない現実というものに対応しきれない。原理ですべてを割り切ろうとするのは、いわば現実を知らない「青い」道徳観でしかない。したがって、第二水準のケア倫理から自他対称性を認める第三水準に移行しても、このような原理至上主義に屈服することは許されない。第三水準のある女性被験者は、抽象的な諸原理の観点からではなく、特殊な個々人の生活の面での帰結等から道徳的判断を下すという。彼女はなお第二水準に特徴的な、文脈依存的な思考――つまり現実の条件に基づいて具体的に判断しようとする思考形態――を行なうという（DV, p. 95／一六八頁）。このように第三水準の被験者の原理に対する懐疑的姿勢は色濃く、第三水準の被験者の実像は第三水準の特徴を定式化する次の言明とはそぐわない。

> 非暴力を、傷つけることの禁止を、すべての道徳的判断と道徳的行動を支配する原理に高めることで、彼女〔前述の被験者〕は自己と他者の平等を〔…〕主張できるようになる。（DV, p. 90／一五九頁）

この言明とは裏腹に、第三水準への移行は一般の原理重視の自他対称倫理への屈服とはほど遠い。しかし、このような態度なら本当に第二水準の自他非対称の倫理から脱却したといえるのだろうか。あくまでも軸足は原理不信、具体的他者重視に残されている。

われわれが注目したいのは、ギリガンの記述の範囲内では、ここで分析対象となっている被験者の語ることばのなかにレヴィナスのいう「第三者」を問題にする視点はないという点である。つまり被験者はひと一般を包括する立場から普遍的に語っているわけではない（少なくともその証拠はない）。被験者が問題にしているのはあくまでも眼前の他者と私であり、そこで生じているのは他者重視と自己の欲求の認容の妥協にすぎず、第三者は視野に入ってこない。だとすると、この事態を説明するのに、直前の引用のように「非暴力の原理化が生じた」というのは不適切である。ここで「原理」はひと一般を包括するものと想定されているから、この事態の説明に「原理」概念をもちこむべきではない。「第三水準」といっても、原理的なものによって倫理を考える姿勢への決定的移行は生じていない。ギリガンの原理性認容は実質をともなっていない。むしろ眼前の他者への奉仕と自己保存のバランスをとることを自分に許すことの方が、この水準の本質をなす特徴だろう。彼女の言う「〔自己の〕権利と〔他者への〕責任の統合」（DV, p. 100／一七六頁）を目指すことの方が、この水準の特徴と言えるだろう。

ギリガンの発達段階説は、彼女が批判を向けたコールバーグの発達段階説に対抗する別の、もうひとつの発達経路として提示された。しかし批判を向けられた当のコールバーグの反論によれば、コールバーグ説においてひとつひとつの段階は思考の発達の反映であり、論理的に不可逆的なものとされているのに対して、ギリガンの発達段階（水準）は不可逆とは示せておらず、コールバーグほど厳密なものとはいえない（Kohlberg, Levine, and Hewer

1983, p. 139／二二一頁)。この点をギリガンが十分自覚していないのはたしかに欠点である。しかしレヴィナスの正義概念を検討してきたわれわれには、ギリガンの発達段階説のあいまいさこそ、顔と「正義」の関係の複雑さを反映しているものと理解できる。というのもケア倫理の根底にあるのが顔だとすれば、それは(ギリガンの定式化によれば第三水準の核心をなす)原理的普遍的な倫理や、(われわれの見解では、むしろこちらの方が第三水準の核心をなす)眼前の他者と私との対称性におとなしく収まるものではないからである。顔が輝けば、普遍的原理も自他対称性も脅かされる。もちろん、顔から目をそらし、その要求に耳を貸さない頑なな独善的姿勢を取るなら、倫理をそれらの枠のなかに制限する試みが成功を収めることもあろう。しかし顔を倫理の直観的源泉とするケア倫理は、顔の要求にまったく耳をふさいだままでいることはできない。そして自己の要求を認めて第三水準に移行しようとしても、顔によって阻止され、移行が完遂することはないのである。これはレヴィナスが「国家は隣人の近さに基づくが、その国家はわれわれ、すなわち私と私の隣人を凝固させて統合しようとするまさにその瞬間にある」(前掲、AE, p. 205／三六五頁)と述べていたときに見ていた事態とほぼ同じものである。

ギリガンでは表向きのことばほどには、原理的道徳の積極的認容がなされていない。これはレヴィナスの「正義」概念が原理的な道徳へと足を踏み入れていたのとは対照的である。その一因はおそらく、レヴィナスが社会規範との関連で(その条件として)原理的道徳を考えていたのに対して、ギリガンではもっぱら、自己犠牲倫理の克服という方向性から眺めているためだろう。このギリガンと同じ特徴はノディングズにもより明瞭に見られたものである。レヴィナスのように社会規範の必要性を意識していれば、その前提をなす原理的道徳の必要性に目を向けざるをえず、彼のなしたように顔から原理的道徳を正当化する困難な道を切り開かざるをえない。ギリガンらと比較すると、レヴィナスの正義に関する考察の意義は大きい。顔から正義へという論議自体は、なお未完成なプログラムにとどまるものでしかなかったが、そこに見られる問題意識——特に規範と顔の緊張関係など——において、レヴィナスの「正義」概念は傾聴すべきものを十分もっている。

5　結論

われわれは「強迫」概念に対する批判のための事象的支点を探ってケア倫理との比較を行なってきた。「強迫」の絶対受動性を廃棄しつつ、なおかつレヴィナスを生かす可能性の模索がわれわれの課題である。したがって、絶対受動性に頼らないで、レヴィナスが目指していた、同化されない他性を確保できないかどうかを探る必要がある。

顔の要求に対して態度をとり、それを善だと判断するがゆえに引き受けたり、逆に拒んだりする能動性が、倫理の最低限の条件である。こういう仕方で一般の倫理事象との最低限の連続性を維持し、倫理の無意味化を阻止しなければならない。

しかしながら、そこに現れてくる他が同に取り戻される相対的な他ではなく、絶対的な他といえるものなら、まず、①同化できない他性をもつ必要がある。また、②絶対的な他にふさわしい同化しない私のかかわり方があるのでなければならない（なお、②については、私が他を絶対的に受動するなら一方的に他が私を襲ってくるその事態を叙述すればよかったのだが、絶対受動でない以上、私の側の対応も論究する必要が生じてくる）。

①について。私の絶対受動性を放棄することで、他が「同化」される危惧が生じる。しかしケア倫理と比較するなかで、「同化」の嫌疑ははらせたのではなかろうか。ケア倫理の言うケアの同心円性と、『全体性と無限』の無限責任とを検討して、これらの事態は顔が既成の自他関係に基づいているということの現れではないことを確認した。顔の倫理は存在と異質な秩序である。そして同の利己性を否定するものとしての倫理的他性が絶対的なものとして現れていることは、われわれが評価した無限責任が同への妥協なきものである点に確認することができた。ある意味での能動性を私はもつが、それは意味付与の能動性ではなく、顔に態度をとる際の自由である。もちろん、『存在の彼方へ』は主体の能動性が残るかぎり、今挙げたような「他性」ではなお他性を十分に確保できないと考えている。しかし、何を「同化」と見なすかは、ある意味で定義の問題でもある。レヴィナスの絶対受動性は倫理性を不可能にするばかりか、事象に根を張っているとは言えないため、このような代償を払うような「絶対の他」を目指すべきかどうかは疑問である。むしろそういうことばの上の「絶対の他」より、事象に裏付けられた「絶対の他」こそが目指すべきものであろう。絶対受動に頼らなくても確保できると右でわれわれが確認した他性の徴標をもって「絶対の他」を語

ってもよいのではなかろうか。

②について。他なるものを同化せず他性を維持しながら私が他にかかわる仕方があるのでなければならない。他なるものの他性は、このような私のかかわり方と表裏である。『存在の彼方へ』では（語られたことなき）「語ること」がこういう存在の他への特権的な通路だと理解されているが、この概念は「強迫」概念と不可分なのでわれわれはこの概念を受け入れることはできない。むしろわれわれは『全体性と無限』の「教え」の拝聴や、またケア倫理との比較のなかでとりだした「受容」というかかわり方に、他なるものを同化しない他性との関係を見出した。

第II部全体を振り返って結びとしたい。『存在の彼方へ』は顔の「強迫」への先鋭化を進めるが、その一方でそういう先鋭化された顔の分析に神学的意義だけでなく倫理的意義を保証するために、より一般的な倫理との接点を見出そうとする努力を並行して行なった。しかし二つの試みはまさに逆方向を目指しており、その二つのベクトルがこの著作を引き裂いている。この二つの試みは『全体性と無限』における顔の現象学的道徳的規定と顔の形而上学的規定との対立を引きずっている。顔の形而上学的規定は顔をもとに存在論の伝統を転覆する新たな他の形而上学をとりだそうと企てる。しかしそういう意図でなされた試みが必ずしも顔の事実の裏付けを十分に得ているとばかりは言えず、そこから顔の現象学的道徳的規定と形而上学的規定との間に齟齬が見られた。しかし『存在の彼方へ』では事象分析を深めるという形でこの事象との乖離を解消しようとする志向は強くない。もしその志向を強くもっていたなら、それはおそらく顔の先鋭化を緩和する力として現れることになっただろうし、顔の形而上学的規定を現象学的道徳的規定に添わせることになっただろう。しかし実際には彼は逆に顔をさらに先鋭化する。そして一般的な倫理を基礎づける正義論などで、倫理的分析としての意義を確保し、自己の正当性を示そうとする。

正義論の試みがそれ自体としては興味深く有益な分析を含んでいるのは事実である。だが、これによって顔の形而上学的分析と事象との乖離が解消されるわけではなく、むしろ乖離は放置されている。むろん、私は他性を「誇張」によって突きつめる『存在の彼方へ』の分析全体を一括して批判しているわけではない。例えば「選び」が「痕跡」へと先鋭化されたことで他性の本質が明瞭化されたことを否定しようとは思わないし、他性の記述の方法的考察の重要性は認める。だが、何度も述べた「強迫」だけでなく、正義と同様に顔からの基礎づけのプログラムのなかで大きな役割を果たしている「感受性」や、核心概念である「語ること」の事象的分析の乏しさなど、各所で事象との乖離を深刻にとらえなかったことのツケが山積している。

「誇張」という、事象に外から論理的要請のために適用される方法が、特に『存在の彼方へ』の哲学をゆがめている。退けるべきレヴィナスの主張は、絶対的な他には絶対的な受動によってしか迫れないという主張である。むしろ、『全体性と無限』において見られたが、『存在の彼方へ』では「正義」のレベルに押し込められた、能動性をもつ主体の他へのかかわり方が回復されるべきである。

われわれは、顔を前にして十分な根拠も与えられないまま私がひとつの倫理的決断を——能動的に——下すという、この局面を重視すべきだと主張したい。「選び」を説明する際にこの局面の重要性を強調しておいた。前章3のわれわれの理解では「正義」においてもまたこの局面を不可欠の要素と見なすことができる。顔という極限的要求をほかのものに還元できない根源的なものと見なし、そこからすべてを汲み上げようとする倫理にとっては、社会規範にも客観的根拠にも支えを求めえない。それゆえ顔から出発する倫理をとるなら、私が十分な根拠もないまま顔の前で選択を迫られるというこの局面は、不可避であるとともにこの種の倫理の本質をなす局面だと言えるだろう。

そして同じ事態の裏返しだが、この局面があることで他性は同、存在への吸収を免れて同との格差を確保できる（これだけでというわけではないが）。第九章4で「痕跡」概念が存在との隔絶（論証によっても埋められない）を維持し「存在の他」の他性を確保するために有効な論拠となっているのを見た。「選び」は「痕跡」と同じく他の論証不可能性を表す概念であり、「痕跡」と同様、他性を確保する機能を果たしうる。そして本章で見たように、絶対受動性に頼らなくても「選び」等の諸概念で、同化を免れる他性は確保可能である。

実は、本書第I部のわれわれの結論も、われわれを同じ顔の前の選択に送り返したのであった。第I部で哲学に対する倫理の基盤性の主張は、顔の倫理の基盤性については妥当しないが、倫理の基盤性については妥当し、倫理からの存在論批判については有効であることを確認した。つまり顔は旧来の哲学の体系を破壊しながら、顔からの体系的構築を許さない。そのことでわれわれは——レヴィナスの意図に反して——何ら知的な面での手がかりのないまま、顔の前で選択するという局面に連れ戻されたのである。『存在の彼方へ』は顔からの体系的学の展開の不可能性を自覚することで、右の結論を追認することとなった（ただし、この著作は選択という契機を認めようとしないのだが）。

『存在の彼方へ』は顔を規範の基底に見ることで、既成の規範を批判する観点を提示しうる。存在論的な哲学の批判であれ、既成の規範の批判であれ、『存在の彼方へ』の論議に批判としての有効性はある。しかしその批判のあとの具体的な規範の構築においては、顔を信じつつ顔に沿う方向を自らの決断において選ぶしかないのである。何か自分の決断を回避させてくれる判断基準が顔から引き出せるわけではない。顔の倫理学も同様に、論証できない顔を自らの判断で信じることから始まり、顔を圧殺する論議を批判することが課題である。顔に基づいて積極的な体系を構築できるわけではない。したがって、つねに顔への信念に送り返され、自らの信念において顔の圧殺を告発する作業が倫理学の営みなのである。

注

（1）ただし、これだけで『存在の彼方へ』の全体が否定されるべきということにはならない。正義論に関しては、必要な変更を加えれば傾聴すべき点があることを見た。ほかの論点については一々詳論しないが。

(2)「命法」とはここでは道徳的命令のことで、それが定言的であるとは道徳的命令が例外を許さない性質のものだということ。また、仮言的であるとは、その命令には仮定に該当する場合のみ従う義務が生じる、例外を認める命令だということ。

(3) たしかに、これが「倫理的ケアリング」において喚起された感情にすぎないなら、そこで働いている理想が通常のケアの状態とは異なる、歪曲されたものである可能性もある。その場合、そういう歪んだ理想に従って喚起された感情に従うことは疑問だろう。ただ、レヴィナスにおいて見てきたような、自己犠牲を迫る他者の非対称的現出は、もっぱら「自然的ケアリング」を喚起するものだといえる。というのも、自己犠牲を迫る顔は、私の意志に抗してまで押し寄せてくる、つまり私があえて喚起するまでもない感情だといえるからである。

(4) 当該共同体の保持を目的とする道徳のこと。ベルクソン『道徳と宗教の二源泉』(Bergson 1932) 参照。

(5) 第三章6で述べたように、フッサールの枠組みで考えるなら、非対称性も含めてすべて私の意味付与の産物である。しかしながら、倫理が学の基盤だという主張に即して考えるかぎり、われわれの生のレベルで与えられた倫理の意味をこのような形で学問レベルで主観的なものに引き戻すことはできないのであった(第五章)。

(6)「教え」の拝聴も、言語を介するという限定はあるものの、他者の全面に及びうる。

(7) ギリガンとレヴィナスの比較検討については、別の箇所で詳しく行なったことがある(佐藤義之 一九九七)。

文献一覧

レヴィナスのテキスト（本書において引用ないし直接参照したもののみ）

Lévinas, Emmanuel 1961, *Totalité et infini: essai sur l'extériorité*, La Haye: Martinus Nijhoff. （『全体性と無限』藤岡俊博訳、講談社（講談社学術文庫）、二〇二〇年） ＊他の邦訳として、『全体性と無限』合田正人訳、国文社、一九八九年、改訂版、二〇〇六年、『全体性と無限』（全二冊）、熊野純彦訳、岩波書店（岩波文庫）、二〇〇五―〇六年。

―― 1974, *Autrement qu'être ou au-delà de l'essence*, La Haye: Martinus Nijhoff. （『存在の彼方へ』合田正人訳、講談社（講談社学術文庫）、一九九九年） ＊他の邦訳として、『存在するとは別の仕方で　あるいは存在することの彼方へ』合田正人訳、朝日出版社、一九九〇年。

―― 1982a, *Éthique et infini: dialogues avec Philippe Nemo*, Paris: Fayard. （『倫理と無限――フィリップ・ネモとの対話』西山雄二訳、筑摩書房（ちくま学芸文庫）、二〇一〇年） ＊他の邦訳として、『倫理と無限――フィリップ・ネモとの対話』原田佳彦訳、朝日出版社（ポストモダン叢書）、一九八五年。

―― 1982b (1986), *De Dieu qui vient à l'idée*, Paris: J. Vrin, 1982; 2e éd. revue et augmentée, 1986. （『観念に到来する神について』内田樹訳、国文社、一九九七年）

―― 1988a, *En découvrant l'existence avec Husserl et Heidegger: réimpression conforme à la première édition suivie d'essais nouveaux*, Paris: J. Vrin.（『実存の発見――フッサールとハイデッガーと共に』佐藤真理人・小川昌宏・三谷嗣・河合孝昭訳、法政大学出版局（叢書・ウニベルシタス）、一九九六年）　＊他の邦訳として、『フッサールとハイデガー』丸山静訳、せりか書房、一九七七年。

―― 1988b, *Autrement que savoir*, avec les études de Guy Petitdemange et Jacques Rolland, Paris: Osiris.

―― 1991, *Entre nous: essais sur le penser-à-l'autre*, Paris: B. Grasset.（『われわれのあいだで――《他者に向けて思考すること》をめぐる試論』合田正人・谷口博史訳、法政大学出版局（叢書・ウニベルシタス）、一九九三年）

―― 1993, *Dieu, la mort et le temps*, établissement du texte, notes et postface de Jacques Rolland, Paris: B. Grasset.（『神・死・時間』ジャック・ロラン編、合田正人訳、法政大学出版局（叢書・ウニベルシタス）、一九九四年）

―― 1998, *Éthique comme philosophie première*, Paris: Payot & Rivages.

参照した二次文献（本書執筆上重視したもののみ）

Chalier, Catherine 1998, *Pour une morale au-delà du savoir: Kant et Levinas*, Paris: Albin Michel.

Derrida, Jacques 1967, *L'écriture et la différence*, Paris: Seuil.（ジャック・デリダ『エクリチュールと差異』合田正人・谷口博史訳、法政大学出版局（叢書・ウニベルシタス）、二〇一三年）

—— 1997, *Adieu à Emmanuel Lévinas*, Paris: Galilée.（ジャック・デリダ『アデュー――エマニュエル・レヴィナスへ』藤本一勇訳、岩波書店、二〇〇四年）
Greisch, Jean et Rolland, Jacques（éds.）1993, *Emmanuel Lévinas: l'éthique comme philosophie première. Actes du colloque de Cerisy-la-Salle 23 août-2 septembre 1986*, Paris: Cerf, 1993.
Habbel, Torsten 1994, *Der Dritte stört: Emmanuel Levinas — Herausforderung für politische Theologie und Befreiungsphilosophie, mit einem Exkurs zum Verhältnis zwischen E. Levinas und M. Buber*, Mainz: Matthias-Grünewald-Verlag.
Hayat, Pierre 1995, *Emmanuel Levinas, éthique et société*, Paris: Kimé.
Laruelle, François（éd.）1980, *Textes pour Emmanuel Lévinas*, Paris: J.-M. Place.
Peperzak, Adriaan T. 1993, *To the Other: An Introduction to the Philosophy of Emmanuel Levinas*, West Lafayette, Ind.: Purdue University Press.
——（ed.）1995, *Ethics as First Philosophy: The Significance of Emmanuel Levinas for Philosophy, Literature and Religion*, New York: Routledge, 1995.
Poirié, François 1987, *Emmanuel Lévinas*, Lyon: La Manufacture.（フランソワ・ポワリエ『暴力と聖性』内田樹訳、国文社（ポリロゴス叢書）、一九九一年）
Strasser, Stephan 1978, *Jenseits von Sein und Zeit: eine Einführung in Emmanuel Levinas' Philosophie*, Den Haag: Martinus Nijhoff.

その他の参考文献（引用ないし直接参照したもののみ）

Bergson, Henri 1932, *Les deux sources de la morale et de la religion*, Paris: Félix Alcan.（ベルクソン『道徳と宗教の二源泉』）

Derrida, Jacques 1994, *Force de loi: le « fondement mystique de l'autorité »*, Paris: Galilée.（ジャック・デリダ『法の力』堅田研一訳、法政大学出版局（叢書・ウニベルシタス）、一九九九年）

Descartes, René 1641, *Meditationes de prima philosophia*, Paris: Michel Soly.（デカルト『第一哲学についての省察』（『省察』））

Gilligan, Carol 1982, *In a Different Voice: Psychological Theory and Women's Development*, Cambridge, Mass.: Harvard University Press.（キャロル・ギリガン『もうひとつの声——男女の道徳観のちがいと女性のアイデンティティ』岩男寿美子監訳、生田久美子・並木美智子訳、川島書店、一九八六年）

Heidegger, Martin 1927（1977）, *Sein und Zeit*（Halle a. d. S.: Max Niemeyer, 1927）, in *Gesamtausgabe*, Abt. 1, Bd. 2, herausgegeben von Friedrich-Wilhelm von Herrmann, Frankfurt am Main: V. Klostermann, 1977.（ハイデガー『存在と時間』）

Husserl, Edmund 1928（1966）, *Zur Phänomenologie des inneren Zeitbewußtseins*（herausgegeben von Martin Heidegger, Hall: Max Niemeyer, 1928）, in *Husserliana: gesammelte Werke*, Bd. 10, herausgegeben von Rudolf Boehm, The Haag: M. Nijhoff, 1966.（エトムント・フッサール『内的時間意識の現象学』谷徹訳、筑摩書房（ちくま学芸文庫）、二〇

一六年）

—— 1939, *Erfahrung und Urteil: Untersuchungen zur Genealogie der Logik*, ausgearbeitet und herausgegeben von Ludwig Landgrebe, Prag: Academia.（エドムント・フッサール『経験と判断』ルードヴィヒ・ランドグレーベ編、長谷川宏訳、河出書房新社、一九七五年）

Kant, Immanuel 1788（1908）, *Kritik der praktischen Vernunft*（Riga: Johann Friedrich Hartknoch, 1788）, in *Kant's gesammelte Schriften*, herausgegeben von der Königlich Preußischen Akademie der Wissenschaften, Bd. 5, Berlin: G. Reimer, 1908.（カント『実践理性批判』）

—— 1797（1903）, *Die Metaphysik der Sitten*（Königsberg: Friedrich Nicolovius, 1797）, in *Kant's gesammelte Schriften*, herausgegeben von der Königlich Preußischen Akademie der Wissenschaften, Bd. 4, Berlin: G. Reimer, 1903.（カント『人倫の形而上学』）

Kohlberg, Lawrence, Levine, Charles, and Hewer, Alexandra 1983, *Moral Stages: A Current Formulation and a Response to Critics*, Basel / New York: Karger.（L・コールバーグ＋C・レバイン＋A・ヒューアー『道徳性の発達段階――コールバーグ理論をめぐる論争への回答』片瀬一男・高橋征仁訳、新曜社、一九九二年）

Merleau-Ponty, Maurice 1945, *Phénoménologie de la perception*, Paris: Gallimard.（M・メルロー＝ポンティ『知覚の現象学』（全二巻）、竹内芳郎・小木貞孝・木田元・宮本忠雄訳、みすず書房、一九六七―七四年）

Noddings, Nel 1984, *Caring: A Feminine Approach to Ethics & Moral Education*, Berkeley:

University of California Press.（ネル・ノディングズ『ケアリング――倫理と道徳の教育　女性の観点から』立山善康・林泰成・清水重樹・宮崎宏志・新茂之訳、晃洋書房、一九九七年）
本書のテーマに関連する筆者の諸論文
＊本書は書き下ろしであるが、以下の諸論文を下敷きとしている。
佐藤義之　一九九三ａ「絶対的に他なるものとしての「顔」――学の基盤としての倫理学というレヴィナスの主張をめぐって」、『思想』第八二四号、岩波書店、一九九三年二月。

――一九九三ｂ「「顔」に基づく倫理学の可能性」、『アルケー　関西哲学会年報』第一号、関西哲学会、一九九三年六月。

――一九九七「二つ目の倫理は存在するか――「ケアの倫理」とレヴィナスの「顔」」、『実践哲学研究』第二〇号、実践哲学研究会、一九九七年一一月。

――一九九九ａ「他者の死と他者への責任」、『あうろーら』第一七号、21世紀の関西を考える会、一九九九年一〇月。

――一九九九ｂ「私と他者――「顔」をめぐって」、有福孝岳編『エチカとは何か――現代倫理学入門』ナカニシヤ出版、一九九九年一一月。

――二〇〇〇「レヴィナスと責任の限界」、『倫理学研究』第三〇集、関西倫理学会、二〇〇〇年三月。

学術文庫版あとがき

本書は二〇〇〇年に勁草書房より刊行した『レヴィナスの倫理——「顔」と形而上学のはざまで』を文庫化し改題したものである。久しい前より品切れとなっていたが、この著作は私の最初の著作ということもあり、書店に並ばないことに寂しい思いをしていた。再刊に際して、旧友に会うときのようなうれしさを感じている。

先の刊行は、現在の勤め先に移って間もない頃であった。そのときまだ独身で三〇代だった私も、あと少しで還暦を迎える年齢になり、この文庫版の小さな文字の校正も目につらい仕事だった。二〇年のあいだに私のレヴィナス理解も多少なりとも変わっているので、補筆、修正すべきだったかもしれないが、再刊に際しては表現上の修正は加えたものの、内容はほとんど変わっていない。レヴィナス研究の近年の動向を充分には追いかけることができておらず、補筆修正の企ては諦めざるをえなかった。その結果このような形での再刊となった。

この点、怠慢をそしられるかもしれない。二〇年前の著作をこのような形でもう一度刊行することにためらいを感じなかったわけではない。以下に、少し事情を説明したい。

本書の取り組みは、レヴィナスの語る「絶対他」や「絶対的な受動性」等々、数多くの抽象的諸概念が倫理の事象を適切に描き出しているか、批判的に検討、確認し、そのことを通じて倫理の真の姿を描き出そうとする作業である。抽象的にこのような概念を考察し、その概念について語ることはそれほど難しくはないであろう。レヴィナス自身も、あとの時期になるほどこのような抽象的なレベルで議論することが多くなっていく。しかし「絶対他」であれ、ほかの抽象的概念であれ、基本的には事象を語る概念であるはずなので、事象に忠実なまま本当にこのような極限的な概念を語ることができるのかという点が問題である。本書の焦点のひとつはこのような、彼の抽象的概念の事象的裏付けの検討にあり、この関心はもちろん、倫理事象の解明という目的にもとづいている。

しかしながら彼の思想をこういう事象的レベルまで引き戻して問う試みは、二〇年たってもそれほど前進しているようには思えない。全集なども刊行されはじめ、レヴィナス研究の範囲はますます広範なものになっているが、それが必ずしもレヴィナスの理解を深めることに直結しているようには思えないのである。文献の考証と解釈はたしかに重要だが、それに終始せず、彼の見た事象で戦うことが必要ではなかろうか。批判的な考察は以前より多く見られるようになっているが、事象のレベルに足をつけた考察はいまだにそれほど多くない。

このような現状を踏まえれば、本書を二〇年ぶりに再刊することも意味がないわけでもないであろう。二〇年前の私の議論の大筋は今でも間違っているとは思っていない。こう思い直して、文庫での再刊をお願いすることにした。

なお、最初の題名である『レヴィナスの倫理』から『レヴィナス』に題名の変更はしたものの、レヴィナスのすべてをカバーするような著作になったわけではない。前述のように内容は基本的に変わっておらず、彼の宗教的思想などはまったくカバーしていない。ただ、レヴィナスの一番重要な点について語っていると考えており、その意味で『レヴィナス』という題名も僭称ではないと信じている。

＊

本書刊行については講談社の互盛央氏に大変お世話になった。こちらの都合を聞いていただき、刊行時期の調整にも応じていただいた。互氏にはお礼申し上げます。

また、本書を二〇年ぶりに再刊するきっかけとなったのは、同僚である安部浩教授が私に本書の文庫化を薦めていただき、互氏の連絡先を教えて下さったことによる。このお薦めがなければ、多分今頃もまだ再刊に向けて踏み切れていなかっただろうと思うと、感謝の念を深くする。安部教授にはあわせてお礼いたします。

二〇二〇年一月

佐藤義之

KODANSHA

本書は、二〇〇〇年に勁草書房より刊行された『レヴィナスの倫理――「顔」と形而上学のはざまで』を改題して文庫化したものです。

佐藤義之（さとう　よしゆき）

1962年，京都府生まれ。京都大学大学院文学研究科博士課程単位修得退学。静岡大学助教授などを経て，現在，京都大学教授。博士（人間・環境学）。専門は，現象学・倫理学。主な著書に，『「心の哲学」批判序説』（講談社選書メチエ），『物語とレヴィナスの「顔」』，『感じる道徳』，『「態勢」の哲学』など。

講談社学術文庫

定価はカバーに表示してあります。

レヴィナス
「顔《かお》」と形而上学《けいじじょうがく》のはざまで

佐藤義之《さとうよしゆき》

2020年4月8日　第1刷発行
2024年9月18日　第2刷発行

発行者　森田浩章
発行所　株式会社講談社
東京都文京区音羽2-12-21 〒112-8001
電話　編集（03）5395-3512
販売（03）5395-5817
業務（03）5395-3615

装　幀　蟹江征治
印　刷　株式会社ＫＰＳプロダクツ
製　本　株式会社国宝社

本文データ制作　講談社デジタル製作

ISBN978-4-06-519345-7

「講談社学術文庫」の刊行に当たって

これは、学術をポケットに入れることをモットーとして生まれた文庫である。学術は少年の心を養い、成年の心を満たす。その学術がポケットにはいる形で、万人のものになることは、生涯教育をうたう現代の理想である。

こうした考え方は、学術を巨大な城のように見る世間の常識に反するかもしれない。また、一部の人たちからは、学術の権威をおとすものと非難されるかもしれない。しかし、それはいずれも学術の新しい在り方を解しないものといわざるをえない。

学術は、まず魔術への挑戦から始まった。やがて、いわゆる常識をつぎつぎに改めていった。学術の権威は、幾百年、幾千年にわたる、苦しい戦いの成果である。こうしてきずきあげられた城が、一見して近づきがたいものにうつるのは、そのためである。しかし、学術の権威を、その形の上だけで判断してはならない。その生成のあとをかえりみれば、その根は常に人々の生活の中にあった。学術が大きな力たりうるのはそのためであって、生活をはなれた学術は、どこにもない。

開かれた社会といわれる現代にとって、これはまったく自明である。生活と学術との間に、もし距離があるとすれば、何をおいてもこれを埋めねばならない。もしこの距離が形の上の迷信からきているとすれば、その迷信をうち破らねばならぬ。

学術文庫は、内外の迷信を打破し、学術のために新しい天地をひらく意図をもって生まれた。文庫という小さい形と、学術という壮大な城とが、完全に両立するためには、なおいくらかの時を必要とするであろう。しかし、学術をポケットにした社会が、人間の生活にとってより豊かな社会であることは、たしかである。そうした社会の実現のために、文庫の世界に新しいジャンルを加えることができれば幸いである。

一九七六年六月

野間省一

西洋の古典

2700
方法叙説
ルネ・デカルト著／小泉義之訳

われわれは、この新訳を待っていた——デカルトから出発した孤高の研究者が満を持してみずからの原点に再び挑む。『方法序説』という従来の邦題を再検討に付すなど、細部に至るまで行き届いた最良の訳が誕生！ 電P

2701
永遠の平和のために
イマヌエル・カント著／丘沢静也訳

哲学者は、現実離れした理想を語るのではなく、目の前の事実から出発していかに「永遠の平和」を実現できるのかを考え、そのための設計図を描いた——従来の邦訳が与えるイメージを一新した問答無用の決定版新訳。 電P

2702
国民とは何か
エルネスト・ルナン著／長谷川一年訳

「国民の存在は日々の人民投票である」という言葉で知られる古典を、初めての文庫版で新訳する。逆説的にもグローバリズムの中で存在感を増している国民国家の本質とは？ 世界の行く末を考える上で必携の書！ 電P

2703
個性という幻想
ハリー・スタック・サリヴァン著／阿部大樹編訳

対人関係が精神疾患を生み出すメカニズムを解明し、いま注目の精神医学の古典。人種差別、徴兵と戦争、プロパガンダ、国際政治などを論じ、社会科学の中に精神医学を位置づける。本邦初訳の論考を中心に新編集。 電P

2704
人間の条件
ハンナ・アレント著／牧野雅彦訳

「労働」「仕事」「行為」の三分類で知られ、その絡み合いの中で「世界からの疎外」がもたらされるさまを描き出した古典。はてしない科学と技術の進歩の中、人間はいかにして「人間」でありうるのか——待望の新訳！ P

2749
宗教哲学講義
G・W・F・ヘーゲル著／山﨑　純訳

ドイツ観念論の代表的哲学者ヘーゲル。彼の講義は人気を博し、後世まで語り継がれた。西洋から東洋までの宗教を体系的に講じた一八二七年の講義に、一八三一年の講義の要約を付す。ヘーゲル最晩年の到達点！

西洋の古典

2750
プラトン著／三嶋輝夫訳
ゴルギアス
練達の訳者が初期対話篇の代表作をついに新訳。代表的なソフィストであるゴルギアスとの弁論術をめぐる対話が展開される中で、「正義」とは何か、「徳」とは何かが問われる。その果てに姿を現す理想の政治家像とは？
電P

2751
フリードリヒ・ニーチェ著／森　一郎訳
ツァラトゥストラはこう言った
ニーチェ畢生の書にして、ドイツ屈指の文学作品である本書は、永遠回帰、力への意志、そして超人思想に至る過程を克明に描き出す唯一無二の物語。「声に出して読める日本語」で第一人者が完成させた渾身の新訳！
電P

2752・2753
オウィディウス著／大西英文訳
変身物語（上）（下）
ウェルギリウス『アエネイス』と並ぶ古代ローマ黄金時代の頂点をなす不滅の金字塔。あらゆる領域で後世に決定的な影響を与え、今も素材として参照され続けている大著、最良の訳者による待望久しい文庫版新訳！
電P

2754
ボエティウス著／伊藤友計訳
音楽教程
音楽はいかに多大な影響を人間に与えるのか。音程と旋律、オクターヴ、協和と不協和など、音を数比の問題として捉えて分析・体系化した西洋音楽の理論的基盤。六世紀ローマで誕生した必須古典、ついに本邦初訳！
電P

2755
バールーフ・デ・スピノザ著／秋保　亘訳
知性改善論
本書をもって、青年は「哲学者」になった。デカルトやベーコンなど先人の思想と格闘し、独自の思想を提示した本書は、主著『エチカ』を予告している。気鋭の研究者が最新の研究成果を盛り込みつつ新訳を完成した。
電P

2777
ニコラウス・コペルニクス著／高橋憲一訳
天球回転論　付　レティクス『第一解説』
一四〇〇年続いた知を覆した地動説。ガリレオ、ニュートンに至る科学革命はここに始まる――。地動説を初めて世に知らしめた弟子レティクスの『第一解説』の本邦初訳を収録。文字通り世界を動かした書物の核心。
電P